Terminé 30/11/09

L'AFFAIRE LAFARGE

Gérard Robin

L'AFFAIRE LAFARGE

ÉDITIONS DE VECCHI S.A.
52, rue Montmartre
75002 Paris

Photo de couverture : © David Chasey / Getty-images ; illustration de Julienne Establet.
Conception graphique de la couverture : Yes.

Avant-propos

On ne revient jamais sur la chose jugée ! Innocent relaxé ou coupable condamné, innocent emprisonné ou coupable en liberté..., le protagoniste d'une affaire ne peut être rejugé, même par les historiens.

Et pourtant, combien est grande la tentation de « percer le mur du silence » qu'impose à juste titre la loi. Mais nul ne peut se prendre pour Clemenceau, rédacteur en chef de l'*Aurore,* et titrant une « lettre à Monsieur Félix Faure, Président de la République » d'un, devenu célèbre, « J'accuse ».

Non, la place de l'historien est ailleurs. Elle n'est pas au côté de Zola. Elle n'est pas dans cette phrase de l'auteur de *L'Assommoir :* « Ma protestation enflammée n'est que le cri de mon âme. Qu'on ose donc me traduire en cour d'assises et que l'enquête ait lieu au grand jour. »

La place de l'historien, et/ou du chroniqueur judiciaire *a posteriori,* ne doit pas d'emblée être manifeste.

Il ne s'agit pas de n'être qu'un homme qui pense ou plus encore un homme qui communique « Une » pensée.

Il s'agit, avant tout :

– d'être un honnête homme de mémoire ;

– de raconter les faits tels qu'on les connaît et non les hypothèses telles qu'on les souhaite ;

– de décrire les protagonistes et le déroulement d'une instruction, puis les audiences.

Il s'agit enfin d'établir une sereine « fortune critique » à des affaires qui ont, le plus souvent, déchaîné les passions.

C'est ainsi que nous reverrons désormais ces procès, avec l'œil neuf de celui qui découvre l'ensemble des faits, de celui qui perçoit que, derrière des milliers de côtes, se dissimule l'âme humaine.

Plus calmes qu'à l'époque des faits, plus calmes que dans un débat contradictoire télévisé, les auteurs de ces ouvrages tentent chacun à leur manière d'inverser la tendance de cette formule de Jean Guitton : « C'est toujours l'imprévisible qui se réalise, malgré nos efforts de perspicacité et de prospection – l'imprévisible des ombres et des lumières » [1].

Si, entre ombres et lumières, ces ouvrages présentent des éléments de réflexion perspicaces et prospectifs, alors leur but sera atteint.

On sait que dans les prétoires – et c'est leur force – les choses ne se passent jamais tout à fait comme prévu. Ces ouvrages de présentation générale d'un fait judiciaire sont là pour nous ramener au plus près des hommes, de leur innocence ou de leur culpabilité, de leur drame et peut-être de leur rédemption.

---

1. Y. Denton, *Souffle du large : douze rencontres de Mauriac à Malraux*, La Bibliothèque des Arts, 1996

Chapitre 1

La vie de Marie Cappelle avant le drame

Selon les uns, Marie Fortunée Lafarge, née Cappelle, est née à Villers-Hélon, près de Soissons. D'autres pensent qu'elle naquit à Paris, 17, rue de Courcelles, le 15 janvier 1816. Qui était-elle ? Son père, le baron Cappelle, est colonel d'artillerie dans la garde impériale. Sa mère est issue d'une riche famille de propriétaires terriens ; sa grand-mère serait la fille naturelle du duc d'Orléans et de la gouvernante de ses enfants, Mme de Genlis, avec qui il eut une liaison.

De celle-ci naquirent deux filles, Paméla et Hermine – sa grand-mère – qui furent, enfants, envoyées en Angleterre avant de revenir en France quelques années plus tard. Hermine fut élevée avec les princes avant d'épouser le grand-père que Marie adorait, Jacques Collard, fournisseur de l'armée grâce à la protection de Talleyrand.

Une enfance princière

Dès son plus jeune âge, la petite Marie, élevée au sein de la famille Collard au château de Villers-Hélon, partage avec ses cousines et sa sœur Antonine l'éducation raffinée des jeunes filles des milieux aristocratiques faite de vie mondaine, d'art et d'agrément.

À dix ans, elle est une enfant chétive, d'une vive intelligence et très indépendante. À quatorze ans, elle parle plusieurs langues et se passionne pour l'histoire de l'Antiquité.

Une adolescence douloureuse

À quinze ans, pour parfaire son éducation, elle est envoyée par sa mère à la pension de la Maison royale de Saint-Denis, et il lui faut revêtir la robe noire, le bonnet, les gros bas, les gros souliers de l'uniforme et subir la discipline de fer de la pension. Cette épreuve durera neuf mois. Marie tombe malade, et ses parents la reprennent. Et, rapidement, c'est une autre grande douleur : son père meurt dans un accident de chasse et sa mère se remarie avec Eugène de Coehorn, qu'elle n'apprécie guère, qui se conduit plus comme un frère aîné avec les enfants de sa femme que comme un père.

Marie Cappelle, descendante naturelle de Philippe Joseph d'Orléans

Marie Cappelle, qui aurait dû connaître une vie de princesse, était l'arrière-petite-fille naturelle de Philippe Joseph d'Orléans et la petite-nièce de Louis Philippe Ier, roi des Français. Cette origine royale, racontée par Alexandre Dumas père dans *L'Histoire de Louis-Philippe*, ne fut jamais officiellement confirmée. La preuve nous est fournie par un journaliste passionné par l'affaire Lafarge, qui, en 1909, retrouva une note de la Sûreté générale datant du 23 novembre 1816 ainsi qu'une correspondance attestant l'origine royale de la grand-mère de Marie, Hermine, et conservée dans un dossier au ministère des Affaires étrangères.

Marie a le goût du danger. À cheval, elle saute les haies, franchit les ruisseaux pour le seul plaisir, dit-elle, « de protester contre l'obstacle ». Élégante sans être belle, elle a de beaux cheveux noirs, de beaux yeux noirs et vifs, une voix qui touche le cœur, une très grande imagination et beaucoup de charme avec sa couronne de fleurs posée sur ses cheveux. Elle découvre les bals et les fêtes. Mais un nouveau malheur la frappe : sa mère meurt à son tour. À dix-sept ans, la voici orpheline et sans fortune. Son père n'en avait pas laissé et sa mère était très peu dotée. Son grand-père, trop vieux pour qu'elle vive près de lui, la prend cependant en charge en alternance avec sa tante, Mme Garat. Marie se sentira désormais fatiguée, nerveuse, angoissée. Le jour, elle monte à cheval, la nuit, triste et mélancolique, elle lit Lamartine.

LE TEMPS DE L'INSOUCIANCE

Au cours d'un dîner chez son grand-père, elle se lie d'amitié avec une jeune fille prénommée également Marie. Son père, le marquis de Nicolaï, ancien intendant de Vilna en 1812, préfet de Laon en 1814, député sous la Restauration, pair de France, était invité à tous les bals et cérémonies. Ce fut pour les deux jeunes filles l'ivresse des bals et des sorties, des soirées officielles et le début d'une longue amitié qui, plus tard, se dénouera tragiquement.

Marie recherche les garçons distingués et romantiques. Elle est demandée en mariage une première fois, mais son besoin de romantisme lui fait refuser la main du garçon :

> Une nouvelle puissance se révélait en moi : mon cœur battait plus vite, la vie rayonnait dans mes yeux, sur mon front, écrira-t-elle, j'étais honorée, j'étais reconnaissante, et, si je ne voulais pas épouser M. de X, je le regardais comme précurseur du grand bonheur que j'avais rêvé ; je ne l'avais vu que quelques fois ; il était jeune et beau ; il chantait à merveille ; il était aimable. Je crois que s'il m'eût dit tout bas qu'il m'aimait avant de le dire à ma tante, je l'aurais accepté, mais cette affection fut déclarée si convenablement, il était si impossible de la poétiser que je ne pus me décider à entrer dans la réalité de l'existence.[1]

Marie habite chez sa tante, à Paris, dans son hôtel particulier. Mais la tante s'inquiète, elle veut marier sa nièce. Elle l'envoie à Villers-Hélon, où son grand-père veut lui proposer un mariage avec un voisin. On organise une chasse pour faciliter les présentations, mais le mariage échoue. Le voisin se récuse. De retour à Paris, elle se fait aborder aux Tuileries par un bel inconnu. Hélas ! le bel inconnu est le fils d'un droguiste de Montmédy :

1. Les dialogues, échanges, répliques, débats et autres extraits cités dans ce livre ne sont nullement imaginaires. On peut s'en procurer l'intégralité en consultant les sources indiquées en fin d'ouvrage, à la Bibliothèque de France ou en consultant les archives de bibliothèques spécialisées. Pour plus de lisibilité et une meilleure compréhension, ils sont inscrits au fil du texte. Les échanges – véridiques, mais forcément incomplets – essaient de relater une vérité pas trop éloignée de la vérité des faits.

J'aurais épousé sans balancer un paysan instruit, confie Marie, un ouvrier honnête homme, mais épouser un droguiste... C'était à désespérer.

Le jeune homme, très malheureux, quitte Paris pour Montmédy, où il travaillera avec son père et connaîtra une fin tragique – il se suicidera quand il apprendra que Marie sera jugée pour avoir empoisonné son mari.

Son grand-père lui propose, pour l'aider, de la mettre à la tête de ses propres affaires. Marie accepte avec joie. Mais, là, se produit le troisième malheur dans l'existence de Marie : son grand-père meurt. La fortune et le château vont au fils, Maurice. Elle est désormais seule et dépend entièrement de sa tante, Mme Garat. Elle a désormais vingt-trois ans. Sa sœur cadette de cinq ans est mariée à M. de Violaine, jeune et brillant inspecteur des Eaux et Forêts.

Le mariage

Marie se laisse présenter par sa famille à Charles Pouch-Lafarge qu'elle croit être un riche industriel habitant un beau château en province. L'homme est arrivé l'avant-veille du Limousin. Il est monté à Paris pour se marier. Ce maître des forges n'est pas du même monde. Marie soupçonne l'intervention d'une agence matrimoniale mais préfère ne pas savoir. Elle écoute faire l'éloge du prétendant par ses oncles et ses tantes.

Tous vantent les qualités sérieuses de M. Lafarge, l'honorabilité de sa famille et la solidité de sa fortune ; de plus, il est maire de Beyssac. M. Lafarge essaie de plaire, mais, intellectuellement, il est peu attirant. Il décrit le beau pays qu'il habite et l'heureuse vie que sa femme mènera à la maison du Glandier. Il montre le plan de cette demeure : d'un côté de la rivière, l'usine où l'on transforme le fer, de l'autre, le château, entouré d'une terrasse et d'un jardin à la française. On y accède par une avenue de peupliers où s'élèvent les ruines gothiques d'une chartreuse. Après avoir dépeint l'intérieur de la maison, les services, M. Lafarge lui promet l'installation très rapide d'un cabinet de bains dans son appartement, lui affirme qu'elle aura un piano, un briska pour le voyage et qu'elle trouvera au Glandier une belle-mère, une belle-sœur et un beau-frère qui la chériront. Elle pourra également se faire accompagner de la femme de chambre de son choix.

Marie a vu M. Lafarge un mercredi. On accélère les choses et le mariage est proche. Mais, trois jours avant le mariage, elle apprend qu'il est veuf. C'est la stupeur :

> « Dans trois jours je devais remplacer la froide épouse qui dormait dans son cercueil. Mes douleurs étouffaient mon cœur comme un pressentiment », dira-t-elle.

Mais qu'importe les états d'âme de Marie, les préliminaires vont bon train. Le contrat est signé le **10 août 1839.** Et l'on annonce aux futurs époux qu'ils pourront se marier le lundi avec, comme témoins, pour Marie, deux de ses oncles, MM. Collard et Garat, pour Charles, le député Gauthier et le baron Petit, pair de France :

> Sans me donner le temps de la réflexion, on me pare de la plus jolie toilette, de mon trousseau, on me fait monter en voiture, entrer dans une petite chambre

> bien noire, où un greffier enfermé dans une cage de fer, à l'instar des hôtes du jardin des plantes, me grimaça un accueil gracieux. Il ouvrit un gros registre sur lequel nos témoins écrivaient leur nom et surtout leurs titres, ensuite on nous conduisit, à travers de sombres corridors, dans un salon aux draperies sales surmontées d'un coq gaulois, où nous fûmes reçus gravement par un gros homme entouré d'une écharpe tricolore. Jusque-là, j'avais observé les ridicules qui m'entouraient, suivi machinalement dans une glace les ondoyants balancements de la grande plume qui ombrageait mon chapeau pendant qu'on m'adressait les compliments de circonstance que je n'écoutais pas ; mais quand il fallut dire oui, quand sortant d'une insensibilité léthargique, je compris que je donnais ma vie, que cette mesquine comédie de la loi allait enchaîner ma pensée, ma volonté et mon cœur [...] les larmes que je voulus cacher m'étouffèrent et je faillis me trouver mal dans les bras de ma sœur.

Il était décidé qu'ils se marieraient à l'église dans la matinée du lundi et qu'ils partiraient immédiatement après pour le Limousin. La journée du dimanche est triste pour Marie, elle dort très mal. Le lendemain, ils se marient à l'église des Petits-Pères :

> Ne voulant pas livrer au monde les pensées qui étouffaient mon cœur, je cachais sous les plis de mon voile mes prières, mes pleurs et il fut dit au retour que j'étais une mariée pleine de bonne grâce et d'une convenance parfaite.

La noce a lieu dans l'hôtel particulier de Mme Garat. Marie se sent capturée, prisonnière. Dix ans plus tard, dans ses *Mémoires*, elle dira que ce jour-là elle avait eu envie de fuir :

> Un désespoir inouï s'empara de moi, écrit-elle. Je compris qu'un mariage sans amour était une dégradation plus infâme que celle de la pauvre fille se vendant pour un morceau de pain. Je me dis que se sentir souillée, porter partout avec soi, dans le monde comme dans la solitude, cette tache ineffaçable c'était un supplice au-dessus de mes forces morales.

Le mariage est terminé et bâclé. En fin d'après-midi, le **12 août 1839**, nos deux mariés partent pour le Glandier.

La captive

Aussitôt après le départ, Charles Lafarge s'est endormi. Fouette, cocher, il ramène sa belle captive. Il ronfle la bouche ouverte. Au réveil, il dévore un poulet.

Pour Marie, qui a des migraines, le voyage est interminable. Charles arrête le cabriolet à Orléans pour prendre une chambre d'hôtel. Marie, épuisée, se précipite dans la salle de bains. À peine est-elle dans l'eau que Lafarge frappe à la porte :

> « Madame est au bain, dit Clémentine, sa femme de chambre et confidente, que Marie avait voulu emmener avec elle.
> – Je le sais, mais ouvrez-moi.
> – Mais, Monsieur, Madame est déshabillée.
> – Madame est ma femme, je veux la voir. »
> Marie intervient.
> « Je vous en prie, attendez un instant, dans un quart d'heure je serai habillée.
> – C'est justement parce que vous êtes toute nue que

je veux rentrer. Me prenez-vous pour un idiot ? Marie, je veux que vous ouvriez la porte.
– Non, je ne l'ouvrirai pas. »

Un tonnerre de jurons éclate, et Clémentine, à l'extérieur, est seule à affronter Lafarge, furieux, qui finit par céder.

Le couple repart pour rejoindre en trois jours de voiture la demeure perdue au milieu d'une forêt qu'hantaient encore les loups.

C'est par un soir d'orage épouvantable que Mme Lafarge arriva au château du Glandier. Cruelle désillusion. Voici ce qu'elle écrit à sa cousine le **22 août 1839 :**

> Le château du Glandier est une maison limousine, ce qui se traduit en français par une salle déserte, affreusement froide, sans meubles, sans porte ni fenêtre. Je me crus la plus malheureuse des créatures et me mis à fondre en larmes en entrant dans le beau salon qui est une vaste chambre à alcôve avec cinq chaises parsemées le long d'un papier qui réunit toutes les nuances existantes.

Comme on comprend la déconvenue de cette jeune Parisienne, mariée sur l'ordre d'une tante et arrivant en ce logis du Glandier qu'on lui avait présenté comme enchanteur et qui se trouve n'être qu'un manoir à moitié en ruine !

Marie comprit d'emblée que dans ce pays tout lui serait cruellement hostile. Tous ses espoirs étaient trompés. Pouch-Lafarge, qu'on lui avait dépeint comme un prestigieux maître des forges, était en réalité un très médiocre industriel gêné dans ses affaires et déjà réduit à des expédients pour faire fonctionner son entreprise grevée de dettes. Son contremaître, Denis Barbier, qui dirigeait l'usine, était un sombre personnage, haineux, jaloux de son autorité et qui, dès les premiers jours, prit la « Parisienne » en aversion.

L'ISOLEMENT ET LE DÉSESPOIR

L'antipathie d'une belle-mère acariâtre et revêche, le mauvais accueil d'un entourage et de voisins méfiants vinrent compléter ses premières impressions de misères morales et d'isolement sentimental. À peine arrivée dans sa chambre, une pièce froide et lugubre aux tentures défraîchies, presque sans meubles, Marie tente de se suicider. Dans la cuisine du Glandier, les membres du conseil municipal de Beyssac félicitent le nouveau marié. Réfugiée dans sa chambre, Marie, désespérée, rédige une lettre, cette même lettre qui, une année plus tard, sera exhibée au cours du procès et, première pièce du dossier, entraînera les jurés à la condamner à la prison à perpétuité :

> Charles,
> Je viens vous demander pardon à genoux ! Je vous ai indignement trompé ; je ne vous aime pas et j'en aime un autre. Mon Dieu, j'ai tant souffert, laissez-moi mourir, vous que j'estime de tout mon cœur. Dites-moi : meurs et je te pardonnerai, et je n'existerai plus demain. Ma tête se brise, viendrez-vous à mon aide ? Écoutez-moi, par pitié, écoutez-moi. Il s'appelle Charles, aussi ; il est beau, il est noble, il a été élevé près de moi, nous nous sommes aimés depuis que nous pouvons nous aimer ; il y a un an, une autre femme m'enleva son cœur, je crus que j'allais mourir. Par

dépit, je voulais me marier. J'avais tressailli de bonheur en serrant ta main. Hélas ! J'ignorais les mystères du mariage. Malheureuse ! Je crus qu'un baiser sur le front seul te serait dû, que vous seriez bon comme un père. Comprenez-vous qu'il faut que je meure si vous ne me sauvez pas ? Tenez, je vais vous avouer tout : je vous estime de toute mon âme, je vous vénère ; mais les habitudes, l'éducation ont mis entre nous une barrière immense. À la place de ces doux mots d'amour, de triviales douceurs, de ces épanchements d'esprit, rien que les sens qui parlent en vous, qui se révoltent en moi. Et puis, il se repent. Je l'ai vu à Orléans : vous dîniez : il était sur le balcon vis-à-vis du mien. Ici même, il est caché, à Uzerche ; mais je serai adultère malgré moi, malgré vous, si vous ne me sauvez pas. Charles, que j'offense si terriblement, arrachez-moi à vous et à lui. Ce soir, dites-moi que vous y consentez ; ayez-moi deux chevaux, dites le chemin de Brive ; je prendrai le courrier de Bordeaux, je m'embarquerai pour Smyrne. Je vous laisserai ma fortune ; Dieu permettra qu'elle vous prospère, vous le méritez. Moi je vivrai du produit de mon travail ou de mes leçons. Je vous prie de ne jamais laisser soupçonner que j'existe. Si vous le voulez, je mettrai mon manteau dans l'un de vos précipices, et tout sera fini. Si vous voulez, je prendrai de l'arsenic. J'en ai : tout sera dit. Vous avez été si bon que je puis, en vous refusant mon affection, vous donner ma vie. Mais recevoir vos caresses, jamais ! Au nom de l'honneur de votre mère ne me refusez pas. Au nom de Dieu, pardonnez-moi. J'attends votre réponse comme un criminel attend son arrêt. Oh ! hélas ! Si je ne l'aimais pas plus que la vie, j'aurais pu vous aimer à force de vous estimer. Comme cela vos caresses me dégoûtent ! Tuez-moi je le mérite. Et cependant j'espère en vous : faites passer un papier sous ma porte ce soir, sinon, demain, je serai morte. Ne vous occupez pas de moi : j'irai à pied jusqu'à Brive, s'il le faut. Restez ici à jamais. Votre mère si tendre, votre sœur si douce, tout cela m'accable ; je me fais horreur à moi-même ! Oh ! soyez généreux. Sauvez-moi de me donner la mort ! À qui me confier, si ce n'est à vous ? M'adresserai-je à lui ? Jamais. Je ne serai pas à vous, je ne serai pas à lui : je suis morte pour les affections. Soyez homme : vous ne m'aimez pas encore, pardonnez-moi. Des chevaux feraient découvrir nos traces ; ayez deux sales costumes de paysannes. Pardon ! Que Dieu vous récompense du mal que je vous fais ! Je n'emporterai que quelques bijoux de mes amies, comme souvenir du reste de ce que j'ai. Vous m'enverrez à Smyrne ce que vous daignerez permettre que je conserve de votre main. Tout est à vous. Ne m'accusez pas de fausseté : depuis lundi, depuis l'heure où je sus que je serai autre chose qu'une sœur, que mes tantes m'apprirent ce que c'était que se donner à un homme je jurais de mourir : je pris du poison en trop petite dose ; encore à Orléans, je le vomis hier. Le pistolet armé, c'est moi qui le gardai sur ma tempe pendant les cahots, et j'eus peur. Aujourd'hui tout dépend de vous : je ne reculerai plus. Sauvez-moi, soyez le bon ange de la pauvre orpheline ou bien tuez-la ou dites-lui de se tuer. Écrivez-moi, car sans votre parole d'honneur, et je crois en vous, sans elle écrite, je n'ouvrirai pas ma porte.

Marie

On imagine la suite. Marie et Clémentine, sa femme de chambre, se barricadent. Charles hurle, veut voir sa femme. La mère et la sœur lui supplient d'ouvrir la porte et de rester quelques jours au Glandier.

Marie passera une nuit épouvantable, où se succéderont évanouissements et crises de nerfs.

Le lendemain, un déjeuner de famille réunit la sœur, le beau-frère, l'oncle de Lafarge et un ami de la famille. Marie parle peu mais paraît calme et sourit même aux invités.

Plus jamais Marie ne parlera de partir. Elle se considérera dès lors comme morte à l'amour.

L'APAISEMENT ET LA VIE AU GLANDIER

Pourtant, au bout de quelques semaines, tout semble s'apaiser. Avec la complicité de sa chère Clémentine, Marie tente de rendre un peu plus attrayant notre Charles, qui se rase désormais tous les jours, se nettoie les ongles et abandonne ses vieux habits tachés.

Marie fait de grandes promenades à cheval, écrit de longues lettres à ses amis, fait des séjours à Tulle avec le bon docteur Pontier, oncle de M. Lafarge, qui est heureux de la conduire à travers les rues escarpées de Tulle :

> Cette jeune femme qui parlait de tout et si bien, tour à tour philosophe et enfant, sensible et capricieuse, coquette et simple, à la douceur veloutée, au regard vif et parfois si étrangement dur, dira-t-il.

Un jour, passant devant le palais de justice de la ville, elle eut envie d'assister à une audience. On jugeait là une jeune femme accusée d'infanticide. La salle était pleine. Au banc de la défense, l'avocat de l'accusée, au regard perçant, aux gestes sûrs, à la voix chaude et généreuse envoûtait la salle.

Mme Lafarge demanda au docteur Pontier :

> « Quel est ce jeune avocat ? Il a un merveilleux talent.
> – Il est de Treignac dit le docteur, il s'appelle Charles Lachaud. »

La philosophie du pays

L'apprentissage à la vie limousine est difficile. On lui reprochera beaucoup, d'ailleurs, lors de son procès, son mépris pour les notables et bourgeois de province qui se préoccupent si peu de la misère et du sort des ouvriers et des paysans.
Elle ne s'adapte pas à ce que Balzac appelle la « philosophie du pays ».

Au Glandier, Marie décide de ne plus sombrer dans l'ennui. Elle s'active, dirige les travaux d'aménagement de la maison, car, avec l'accord de Charles, elle a décidé de bouleverser l'ordre sacré des choses et de transformer la maison. Entre la belle-mère et la bru, la guerre est désormais déclarée.

Elle ne connaîtra plus aucun répit jusqu'au dénouement tragique de l'affaire. Adélaïde Pontier, veuve de Jean-Baptiste Pouch-Lafarge, juge de paix du canton, venait d'entrer dans sa soixante et unième année. Depuis la mort de son mari, elle avait conservé le costume des veuves, une robe noire usée avec un long châle, de sorte qu'elle se distinguait fort peu d'une religieuse. Habituée à commander, toujours obéie, elle régnait sur le Glandier en souveraine. C'était une maîtresse femme, d'humeur difficile, jalouse de son fils. À vivre dans cette maison délabrée qu'avoisinaient les ruines gothiques d'une ancienne église des chartreux, elle croyait aux revenants et racontait des histoires à faire frissonner : un jour c'était un fantôme qui l'avait embrassée sur le front, un autre, un moine pénitent qui traversait les ruines. Sa bru la décrivait d'ailleurs avec beaucoup de pittoresque :

> Ayant toujours été laide, avec un mari très peu fidèle, elle avait dû chercher dans les tracas de son ménage toutes les jouissances, et ses idées s'y étaient singulièrement rétrécies. Ma belle-mère se défiait de toute chose, de toute personne ; elle était mystérieuse dans ses paroles, encore plus dans ses actions, passait ses journées enfermée dans sa chambre dont la porte, fermée à double verrou, ne s'ouvrait qu'avec des précautions infinies.

Jamais Marie ne réussira à toucher au royaume de Mme Lafarge mère où :

> Des dindons s'engraissaient dans les coins de sa chambre, les fromages moisissaient dans une autre. Le foyer était sans cesse encombré de casseroles et de cafetières ; elle ne voulut jamais permettre à mes domestiques de donner un coup de balai et les femmes de la maison n'avaient même pas pu y entrer pour faire le lit où Mme Lafarge avait l'habitude de coucher tout habillée.

L'ILLUSION DE L'AMOUR

Marie était devenue charmante avec Charles depuis qu'il lui avait parlé d'une invention encore secrète pour améliorer le rendement de sa forge. Elle espérait qu'il ferait fortune. Et quand il partait en voyage elle lui écrivait désormais des billets plutôt doux :

> Je déteste les affaires qui nous séparent : le temps me semble un siècle sans toi. Je t'aime mon Charles ; je te le dis parce que je le sens de tout cœur,

ou :

> Pour t'écrire ce soir, j'ai fait ma toilette, mes cheveux flottent, mes yeux brillent de souvenirs qui se rapportent à toi. Tu m'aimerais !
> Mon miroir me l'a dit et je le remercie, car il est doux d'espérer plaire à ce que l'on aime.

Elle manifesta même l'intention de faire un testament en faveur de son mari.

Les deux « tourtereaux » rivalisaient de générosité. Lafarge, amoureux de sa femme, n'hésitait pas à en faire sa légataire universelle dans un testament rédigé en ces termes :

> Aujourd'hui 28 octobre 1839, je soussigné Charles-Joseph-Dorothée Pouch-Lafarge ai fait mon testament olographe comme suit :
> Je donne et lègue à Marie Fortunée Cappelle, ma chère épouse, tout ce dont la loi me permet de lui disposer, c'est-à-dire la totalité des biens que je possède en propriété, créances, successions échues ou à venir.
> Je ne fais ici aucun legs pour ma mère, ni pour ma sœur, mais, si cependant les affaires de mon épouse lui laissaient la facilité de pouvoir en disposer après sa mort, sans trop nuire à ceux à qui elle désire faire du bien, cela rentrerait au nombre de mes bonnes pensées pour ma mère et pour ma sœur, à qui je désirerais que ça revînt, sans que cependant on puisse voir dans cette dernière clause rien d'obligatoire pour mon héritière, m'en rapportant en tout aux bons sentiments que je lui connais. Je prie en outre ma bonne Marie de ne jamais oublier ma mère que j'aime tant ; surtout de ne point la quitter, la consoler de tous ses chagrins, la distraire et ne la laisser manquer de rien ; aider ma

sœur de ses bons conseils et de ses moyens pécuniaires si l'aisance et la fortune de ma chère Marie le permettent ; faire des aumônes aux pauvres qu'elle jugera convenable ; enfin se faire enterrer près de moi lorsqu'elle mourir (sic), ou faire transporter mes restes, partout où elle devra être afin de les déposer dans le même tombeau, promesse nous étant faite de ne jamais nous quitter ici bas pour nous retrouver un jour ensemble tous les deux dans le ciel.
Mon testament ainsi fait, qui contient toute ma volonté expresse, a été signé, daté et écrit en entier de ma main.

Aujourd'hui, à Glandier, 28 octobre 1839 Charles Pouch-Lafarge

Le testament de Charles fut remis à Marie Cappelle, qui, de son côté, fit aussitôt un testament où elle donnait à son mari l'usufruit de tous ses biens, le principal devant revenir après le décès de Lafarge à Antonine de Violaine, sa sœur.

Le testament fut confié à Mme Lafarge mère et celui de Lafarge fut expédié à M. Legris, notaire à Soissons.

Mais un mois plus tard, à la veille de partir pour Paris valoriser son invention, M. Lafarge écrivit un autre testament qui annulait le premier et où il léguait tous ses biens à sa mère et à sa sœur.

C'était son secret, car M. Lafarge ignorait tout de la vraie Marie, et Marie ne connaissait pas le vrai Charles. Mais la fortune de M. Lafarge était un leurre. Les dettes excédaient de beaucoup l'avoir, et tout l'espoir de richesse de Charles reposait sur sa découverte dont le succès serait consacré par un brevet avec la garantie, croyait-il, de bénéfices considérables.

Il s'agissait d'exploiter l'invention, et trois personnages tentaient d'en tirer profit.

Des capitaux étaient nécessaires, et, très vite, Marie se rendit compte que Charles ne les trouverait pas dans un pays pauvre et qu'il fallait se mettre en relation directe avec les banquiers de Paris. Elle songea donc à ses amis, à sa famille parisienne.

Le voyage de Charles à Paris

Poussé par sa femme, le **22 novembre 1839,** M. Lafarge débarque à Paris et s'installe 79, rue Sainte-Anne, à l'hôtel de l'Univers. Sans perdre de temps, il commence ses visites aux parents de sa femme et ses démarches dans les ministères. Il est bien reçu, mais ni les Garat ni les Martens ne lui offrent autre chose que d'excellents conseils. Il a beau expliquer que sa découverte est magnifique, les banquiers sont réservés à sortir l'argent. À bout de patience et de courage, le maître des forges a recours à l'homme qui sait tout, son complice, Denis Barbier. Il lui adresse en secret cette lettre mystérieuse :

> Je viens, mon cher Monsieur Denis, de recevoir votre lettre ; je vous y reconnais en toute chose ; quand je vous avais attiré près de moi, j'avais bien reconnu vos bonnes qualités. J'ai toujours espéré être celui qui vous récompenserait, en vous faisant couler à l'avenir des jours plus heureux que par le passé. Vous êtes un homme de bons conseils, je vous y reconnais de plus en plus, mais il faut que vous soyez plus près de moi. Hâtez-vous donc d'y arriver, car je n'entreprendrai rien sans vous. Arrivez donc vite et très vite ; personne que votre femme, ma mère et mon beau-frère ne doit connaître votre voyage à Paris. Partez du Glandier comme pour aller à Guéret. [...] J'écris à ma

femme que vous avez besoin d'aller à Guéret pour les forges. Arrivé là, continuez votre route avec rapidité, c'est important. Laissez-vous influencer en quelque sorte par Mme Charles pour partir, afin que ça vienne d'elle. Il ne faudrait pas descendre au même hôtel que moi. Brûlez cette lettre comme j'ai brûlé la vôtre, ainsi que vous me l'aviez recommandé. C'est une mesure de prudence dont je vous loue.

On sut plus tard que Lafarge lui avait fait fabriquer pour 30 000 francs d'effets, revêtus de signatures de complaisance que cet habile agent savait se procurer.

Marie et Charles continuent à s'envoyer des lettres d'amour :

Nos cœurs se comprennent et ils défient la distance. Repose-toi toujours sur celui de ta Marie ; il renferme en lui d'intimes affections, inaltérables, dévouées, qui, pour ne pas être exprimées en caresses et en paroles, n'en sont pas plus concentrées et plus tiennes. Tout ce qui est mystérieux est beau et la parole a la modestie pour garder les doux mystères de l'âme.

Ils y ajoutaient l'envoi de cheveux collés à la lettre par de la cire, de lignes écrites avec le sang de Charles et de petits carrés sur des feuilles où l'on déposait des baisers.

Pendant ce temps, au Glandier, une tension très vive s'installe entre les deux femmes. La belle-mère reprend possession de la maison, surveille Marie, ouvre ses lettres. Marie découvre que sa belle-mère, à qui elle avait donné son testament scellé, non seulement l'a ouvert, mais a fait fabriquer un faux stipulant qu'elle laisserait toute sa fortune à la famille Lafarge. Marie commence à prendre peur :

> C'était une infamie, écrit-elle. Après avoir spéculé sur mon mariage, fallait-il encore spéculer sur ma mort. Une idée terrible traversa mon âme. Dans ce lit où je me reposais chaque soir, une autre femme, jeune, confiante, isolée comme moi de tous les siens s'était vue mourir ; elle avait signé un testament qui dépouillait sa famille. Avait-elle été trompée ? Avait-elle été victime ?

Charles désirait que Marie fît tirer son portrait pour le lui envoyer. On lui conseilla Mlle Brun, qui se rendit au Glandier pour dessiner.

Après quinze jours de pose, il ne restait plus qu'à expédier le portrait. Elle écrivit alors à son époux afin de lui annoncer l'envoi du petit tableau accompagné d'un gâteau. Et, dans une lettre, elle demanda à Charles d'attendre le lendemain soir à minuit précis. Marie en consommerait un semblable à la même heure. Ce serait une communion mystique.

Bizarrement, Marie demandait que sa sœur, Mme de Violaine, fût conviée à ces agapes. Ce qui était improbable puisqu'elle était enceinte et absente de Paris. Elle demanda à sa belle-mère de lui préparer ses gâteaux préférés, des « casse-museaux », une spécialité de chou limousin. Le colis parvint dans les délais normaux à l'hôtel. Lafarge ouvrit la caisse, trouva le portrait, qu'il serra sur son cœur, des châtaignes et une galette picarde dont Marie avait apporté la recette de Villers-Hélon et qui avait remplacé les fameux « casse-museaux ».

À minuit, comme prévu, Lafarge en mangea un morceau qu'il avala en pensant à sa bien-aimée et alla se coucher.

Charles tombe malade

Le lendemain matin, le garçon d'étage, Parent, entre pour faire la chambre comme tous les jours ; il trouve la chambre jonchée de vomissures et Lafarge au fond de son lit, tremblant de froid. On a peine à comprendre pourquoi Lafarge n'a pas demandé de secours. Il restera persuadé qu'il devait cette indigestion à son dîner de la veille : du foie de veau sauté à l'italienne. Les jours suivants, il se remit, mais très mal. Il avait pris comme unique remède du thé et de la limonade.

À l'un de ses visiteurs, le baron Eugène de Montbreton, qu'il reçut dans son lit, il raconta sa courte et brutale maladie :

> « Cette bonne Marie ! Elle m'a envoyé son portrait et un gâteau qu'elle m'a dit de manger, à la même heure qu'elle ferait collation là-bas. J'ai obéi et voilà, je crois, d'où mon indisposition est venue. »

La crise de vomissements dura trente-six heures. Il ne voulait pas inquiéter sa femme, et ce fut seulement le **vendredi 20 décembre** qu'il parla de sa maladie sans faire allusion au gâteau :

> Vite, vite, je t'écris, ma chère petite femme, afin que tu ne portes pas peine de moi : hier, je te disais que j'étais souffrant en t'écrivant ; en effet depuis les onze heures du soir avant-hier, j'avais eu continuellement de forts vomissements et une migraine affreuse.

Bien qu'il soit mal en point, Lafarge reste encore plusieurs jours à Paris pour achever ses affaires. Il a enfin obtenu son brevet. Il annonce son retour.

Il revient en fort mauvais état. Dès son arrivée, il confie à sa femme qu'il est fatigué et se met au lit. Il ne devait plus jamais se relever. Recroquevillé au fond de son lit, Charles va mal, il vomit, a des coliques, éprouve une grande faiblesse et est assoiffé. Les vomissements ne le quittent plus.

On fait venir le médecin de famille, le docteur Bardon, qui examine le malade et pense qu'il a été indisposé à Paris. Bardon passe la nuit au Glandier et le lendemain, avant de repartir, prescrit des médicaments.

Sur l'insistance de Marie, le docteur Bardon donne un mot pour que lui soit livré de l'arsenic chez le pharmacien afin de détruire les rats, « ces hôtes bruyants et dévastateurs ». C'est sa deuxième demande. Déjà, fin décembre, les rats avaient mangé son habit de cheval. Son domestique se rendit chez le pharmacien Eyssautier, à Uzerche, muni de ce billet :

> Je suis dévorée par les rats, Monsieur, déjà j'ai essayé le plâtre, de la noix vomique pour m'en débarrasser, mais rien n'y fait. Voulez-vous me confier quelque peu d'arsenic ? Vous pouvez compter sur ma prudence. C'est pour mettre dans un cabinet où il y a du linge. Je voudrais bien avoir quelque peu de tilleul et de fleur d'oranger.
>
> Marie Lafarge,
> du Glandier

Dans la nuit du **5 au 6 janvier,** l'état de Lafarge s'aggrave ; on rappelle le docteur Bardon, qui demande qu'un confrère soit appelé pour l'aider. Tout en continuant de faire sa chasse aux rats, Marie veille et reste au chevet de son mari nuit et jour.

Ambiance morbide au Glandier

L'atmosphère au Glandier devient morbide ; d'un village à l'autre, les nouvelles courent, les ouvriers de la forge, les paysans commentent les causes d'une maladie qui déroute les médecins. La mère et la sœur chuchotent, l'idée de poison entre dans les esprits et le mot est sur les lèvres qui n'osent pas encore le prononcer. Marie et la belle-mère s'évitent.

Lafarge va de plus en plus mal. Marie insiste pour qu'on fasse venir d'urgence un autre médecin. Le docteur Massenat arrive ; il vient de Brive. Toujours pour exterminer les rats, Marie fait acheter par Denis de l'arsenic pour la troisième fois. Il en rapporte soixante-quatre grammes :

> La petite quantité d'arsenic demandé par M. Bardon n'avait pas suffi pour exterminer tout notre peuple de rats, ils étaient devenus odieux à mon mari dont les nerfs s'agaçaient de leur course et de leur grignotement au-dessus de sa tête, dira-t-elle.

Nous sommes le **vendredi 10 janvier 1840,** et Lafarge est dans un état critique. On appelle à son chevet le reste de la famille. Le **11 janvier** au matin, Marie est souffrante et demande à sa belle-sœur, Aména, de lui préparer un lait de poule. Elle prépare le lait de poule et vient ensuite embrasser son frère et lui dit :

> « Marie est souffrante, je lui ai préparé un lait de poule. N'en veux-tu point ?
> – Si c'est Marie qui me l'envoie, je le prendrai avec plaisir. »

Toujours est-il qu'Aména prépare un second lait de poule que Marie pose près du lit de Charles, comme s'il s'agissait d'un bol à moitié bu par elle ; mais le malade s'est endormi.

C'est à ce moment précis que l'histoire de Marie Lafarge tourne au drame. Autant de récits que de témoins. Selon certains, le bol fut ramené sur la table de chevet de la chambre de Marie qu'elle partageait avec Mlle Brun, qui n'a pas quitté le Glandier depuis l'épisode du portrait de Marie dessiné pour être envoyé à Charles à Paris.

Ce matin-là, Mlle Brun dit l'avoir vue verser dans la tasse une poudre blanche. Elle lui demande même :

> « Qu'avez-vous donc versé dans le lait de poule, c'est sans doute un calmant ? »

Marie répondit d'un ton tranquille :

> « Oui, on a mis de la fleur d'oranger. »

Charles vient de se réveiller. On va chercher le lait de poule. Près du malade se tiennent la vieille Mme Lafarge, Aména et le docteur Bardon. Mlle Brun les rejoint. La tasse contenant le lait de poule est sur la cheminée. Lafarge a essayé de le boire, mais la fadeur du breuvage lui a soulevé le cœur de dégoût.

Mlle Brun remarque qu'il y a à la surface du liquide un dépôt blanc. Aména s'en avise sans s'inquiéter.

> « C'est peut-être du blanc d'œuf coagulé », dit M. Bardon.

D'un geste, Aména jette le lait de poule dans le foyer. Les trois femmes et le médecin s'en vont dans la chambre de Mme Lafarge mère et préparent un troisième lait de poule.

Marie se lève et, à deux heures, prend son tour de garde au chevet de son mari. Mais Mlle Brun, très soupçonneuse, épie tous ses faits et gestes. Elle voit des traînées de poudre blanche partout : sur la flanelle posée sur la table et qui sert à frictionner Charles, dans les flacons, et le raconte à la famille.

Désormais, Marie ne sera plus laissée seule avec son mari ; il y aura un tour de garde pour le protéger, et l'on demande à Charles de ne plus rien accepter de sa femme. Charles, au début, s'y opposera. Elles lui diront que des soupçons sont parvenus à leurs oreilles, qu'on a vu Marie mêler de la poudre suspecte au lait de poule. Avec ce qui lui reste d'énergie, il essaie de la défendre.

Entre-temps, la famille Lafarge a demandé dans le plus grand secret l'analyse du lait de poule au pharmacien Eyssautier.

Eyssautier analyse cette substance blanche, la place sur un charbon ardent et conclut à la présence d'arsenic. Troublé, mais consciencieux, il recommence les analyses ; les résultats sont identiques. Le pharmacien est un homme prudent :

> Je vais poursuivre mes recherches, mais je ne serais pas étonné si cette matière était de l'arsenic... Je n'affirme rien encore. Cependant, recommandez à M. Lafarge de suivre le conseil que vous lui avez donné, c'est-à-dire ne rien prendre des mains de Marie.

On craint l'empoisonnement. Charles est mis au courant, et la famille interdit à Marie l'accès au chevet de son époux.

Pourtant, Charles doute encore. Il demande que l'on recherche les restes de la pâtisserie mangée à Paris pour les faire analyser par un chimiste. Marie insiste pour qu'un nouveau médecin vienne soulager les douleurs de celui qu'elle n'a plus le droit d'approcher. Accompagné du domestique Denis, le docteur Lespinas arrive au Glandier à trois heures du matin. Dans son lit, Charles se débat et peut à peine parler. M. Lespinas lui fait avaler le remède qu'il a apporté, du péroxyde de fer, contrepoison de l'arsenic. Denis l'a mis au courant des achats d'arsenic.

CHARLES MEURT

Charles s'affaiblissant d'heure en heure, le curé de Beyssac vient lui administrer l'extrême-onction. L'agonie de Charles dure toute la nuit. Il meurt à l'aube du **14 janvier 1840.**

Dans l'après-midi même du 14 janvier 1840, Léon Buffière, le mari d'Aména, écrivait au procureur du Roi, à Brive :

> J'ai l'honneur de vous informer que M. Charles Pouch-Lafarge du Glandier, mon beau-frère, vient de succomber. Son genre de maladie, diverses substances recueillies et particulièrement l'opinion de M. Lespinas, médecin à Lubersac, font présumer un crime. Je viens en conséquence, Monsieur le procureur du Roi, porter à votre connaissance toutes ces particularités afin que dans l'intérêt de la justice, vous ordonniez ce que vous jugerez à propos. Je suis avec regret...
>
> Léon Buffière

Chapitre 2
L'enquête judiciaire

La machine judiciaire est en marche. Marie est surprise mais ne semble pas inquiète ; le gâteau, c'est sa belle-mère qui l'a fait, le lait de poule, c'est sa belle-sœur qui l'a préparé, quant au morceau de flanelle d'où s'échappait de la poussière blanche, il a été utilisé par le beau-frère.

Les domestiques s'agitent, certains craignent qu'on ne les accuse – ils ont tellement entendu, ces derniers jours, parler de poison.

Marie reste calme, s'abstient de parler à sa belle-famille, récupère ses papiers et attend l'arrivée du juge.

Les scellés sont posés le **15 janvier 1840** par le juge de paix Debeaune, de Lubersac ; le même jour arrivent le juge d'instruction, Léon La Chapelle, le commis greffier Vicart et le procureur du Roi Rivet. M. La Chapelle entend Mme Lafarge, qui raconte au juge l'histoire du gâteau, du lait de poule, du morceau de flanelle et des flacons remplis de poudre blanche.

Le lendemain a lieu une véritable mobilisation de médecins : les docteurs Lespinas et Bardon se joignent à leurs confrères Massenat, Tournadour-Dalbay et La Cordière, désignés pour l'expertise. Ils prêtent serment et procèdent à l'autopsie qui a lieu dans la chambre même où Charles Lafarge est décédé. Le cadavre est ouvert sur la table.

L'opération est bruyante, on ouvre les entrailles. Les médecins ne trouvent aucune trace d'arsenic métallique ni d'aucun poison. Le docteur Bardon, qui a soigné le malade et n'a jamais cru à l'empoisonnement, est perplexe et aucun des médecins présents ne peut conclure en l'état actuel du corps. Bref, de l'autopsie, on ne peut rien déduire. Des viscères sont alors prélevés et mis dans des bocaux pour d'éventuels examens ultérieurs.

Charles Lafarge est rapidement enterré, et sa vieille mère part chez une parente. Le 19 janvier, les médecins, assistés de chimistes, se remettent au travail et analysent les restes du mort rapportés dans des bocaux et les pièces ramenées par le juge.

Ils terminent leurs analyses le 22 janvier et livrent leurs conclusions :

> Nous soussignés, docteurs en médecine, rapportons que requis par M. le Juge d'Instruction près du Tribunal de Brive, nous sommes réunis en notre laboratoire pour procéder à l'analyse chimique des dernières matières élémentaires, médicaments et liquides provenant ou extraits de l'estomac de M. Charles-Joseph Pouch-Lafarge décédé au Glandier, nous avons pris une partie de ces matières et les avons analysées comme suit :
>
> **Première analyse : lait de poule**
> Nous avons décanté une partie du lait de poule ; nous l'avons traité par l'acide hydrosulfurique ; nous y avons de plus ajouté quelques gouttes d'acide hydrochlorique, il en est résulté un précipité jaune serin, floconneux, parfaitement soluble dans l'ammoniaque pure. Nous avons recueilli une partie de la

poudre déposée au fond de la tasse contenant le lait de poule, nous l'avons desséchée en l'approchant des charbons ardents ; nous l'avons introduite avec un mélange de parties égales de carbonate de potasse et de charbon dans un tube de verre que nous avons chauffé jusqu'au rouge. Il s'est déposé des granulations grises, brillantes que nous attribuons à la présence de l'arsenic. De plus nous avons jeté une autre partie sur les mêmes charbons et il s'en est dégagé aussitôt une vapeur blanche, d'une odeur alliacée, que nous avons recueillie sur une lame de cuivre décapée.

Deuxième analyse : eau panée
Nous avons filtré ce liquide ; une partie a été traitée par l'acide hydrosulfurique et a donné un précipité floconneux, jaune serin, soluble dans l'ammoniaque. [...] Le résidu de l'eau panée a été desséché et soumis, avec partie égale de carbonate de potasse et de charbon, dans un tube de verre qui a été chauffé au rouge. Quelques points brillants ont été aperçus à la suite de cette analyse. Sont-ce des granulations d'arsenic ? Nous le croyons.

Troisième analyse : eau sucrée
Filtrée et traitée par l'acide hydrosulfurique, l'eau sucrée s'est fortement colorée en jaune. La chaleur y fait naître un précipité jaune serin que l'ammoniaque a dissous.

Quatrième analyse : bière
Après l'avoir décolorée par le charbon, nous l'avons filtrée et soumise à l'action de l'acide hydrosulfurique. Aucun changement ne s'est formé dans ce liquide.

Cinquième analyse : eau de gomme
Rien qui puisse faire croire à la présence de l'acide arsénieux.

Sixième analyse : sucre en poudre
Aucun résultat.

Septième analyse : liquide provenant des vomissements
Une partie de ce liquide a été chauffée, filtrée puis traitée par l'acide hydrosulfurique ; une légère coloration jaunâtre s'est manifestée.

Huitième analyse : liquide contenu dans l'estomac, et estomac
Décolorée par le charbon animal et filtrée, une partie de ce liquide a été mélangée avec une égale quantité d'eau dans laquelle nous avons fait bouillir une partie de l'estomac. Toutefois, après l'avoir ainsi filtrée, ces deux liquides réunis et introduits dans un matras ont été chauffés avec addition d'acide nitrique et portés à ébullition ; il s'est dégagé des vapeurs légèrement colorées. Nous avons ensuite saturé la liqueur avec du carbonate de potasse. Enfin nous avons ajouté un excès d'acide sulfurique, il s'est formé un précipité floconneux jaune serin qui a été recueilli sur un filtre sur lequel nous avons versé parties égales d'eau distillée et d'ammoniaque ; la liqueur filtrée de nouveau et chauffée au bain de sable nous a laissé sur la dessiccation complète un résidu jaune qui a été introduit dans un tube de verre avec parties égales de charbon et de carbonate de potasse. Ce mélange a été chauffé à une douce chaleur pour le débarrasser de l'humidité qu'il pouvait contenir. Puis nous avons effilé le tube qui le contenait et nous l'avons chauffé au rouge. Mais une explosion a eu lieu parce que le tube avait été fermé par inadvertance et nous n'avons pu obtenir de résultats.

Nous concluons des expériences qui viennent d'être rapportées :
1. Que le lait de poule contenait une grande quantité d'acide arsénieux.

2. Que l'eau panée contenait de l'acide arsénieux.
3. Que l'eau sucrée contenait aussi de l'acide arsénieux.
4. Que la bière, l'eau de gomme et le sucre ne contenaient aucune matière vénéneuse.
5. Que les liquides vomis ne contenaient pas d'acide arsénieux, du moins sensible à l'action des réactifs.
6. Que les liquides contenus dans l'estomac ainsi que l'estomac offraient de l'acide arsénieux.
P.-S. : Nous avons omis de signaler l'épreuve faite sur la flanelle dont on se servait pour frictionner M. Lafarge. En voici les résultats : après avoir fait bouillir une partie de cette flanelle avec de l'eau distillée, nous avons soumis une partie de ce liquide filtrée à l'action de l'acide sulfurique avec addition de quelques gouttes d'acide hydrochlorique et nous avons obtenu un précipité floconneux jaune serin que l'ammoniaque a dissous.

Fait et clos en notre laboratoire

Tandis qu'à Brive les experts font leur besogne et que déjà toute la Corrèze s'enfièvre aux rumeurs du drame, Marie Lafarge, recluse dans cette maison morbide qu'elle ne peut plus quitter, fait face au destin.

Mme Lafarge reçoit le journaliste du *Progrès de la Corrèze*, qui note dans son journal :

Pour l'entrevue, la jeune veuve parut avoir mis une note pleine de goût dans son négligé. Assise sur son lit, elle avait pris un manteau de lit en satin, garni de blonde, et ne cherchait point à cacher deux bras remarquables par la beauté de leur fortune et l'élégance de leur parure. Du reste une coiffure charmante donnait à sa figure toujours pâle une teinte de mélancolie qui n'était point sans apprêt et qui laissait deviner une émotion profonde. Elle supporta son interrogatoire avec beaucoup de calme et de convenance. Elle supplia le magistrat de rechercher, de constater, le crime qui existait et d'être sans pitié pour les coupables quels qu'ils fussent.

MARIE EST ACCUSÉE DE CRIME ET INCULPÉE

Le juge La Chapelle, qui mène l'enquête, est revenu dès le **21 janvier.** Le **22**, il reçoit l'analyse du lait de poule, de l'eau sucrée, des vomissures, du liquide contenu dans l'estomac, et, le 23 au matin, le procureur du Roi Rivet, à la suite des conclusions de l'expertise, inculpe Marie Cappelle d'avoir, dans les mois de décembre 1839 et janvier 1840, attenté à la vie de Charles-Joseph. Pouch-Lafarge, son mari, par l'effet de substances susceptibles de donner la mort et qui l'ont effectivement occasionnée, crime puni par les articles 301 et 302 du Code pénal.

Un brigadier de Lubersac apporte au Glandier le mandat d'arrêt. Marie reste calme et répond qu'elle est victime de machination. Elle tente de gagner du temps et compte sur le prestige de sa famille en confiant à M. Brugère, notaire à Condat, cette lettre qu'il doit remettre en main propre au procureur général de Limoges, M. Dumont de Saint-Priest :

> Ce jeudi,
> Monsieur,
> Je n'ai pas l'honneur de vous connaître et cependant quand je descends au fond de ma conscience, j'y trouve la force de venir à vous et j'espère en Dieu et en la justice. Je suis horriblement malheureuse, accablée par une perte qui m'enlève un appui choisi par moi et que j'aimais de tout cœur. Je suis obligé de sécher mes larmes pour supporter les charges qui

m'accablent et cependant je suis innocente. J'ai subi hier un interrogatoire. Comme je suis aujourd'hui sous l'imminence d'un mandat d'arrêt, je vous supplie d'en suspendre l'effet et de me permettre de subir ma prison préventive chez moi sous une garde suffisante. Je suis bien éloignée de vouloir quitter ce pays sans être entièrement digne de l'intérêt qu'on m'y témoigne. Par-dessus tout je désire les démarches de la justice et j'espère en elle. Je supporterai tous les frais de garde que l'on voudra bien m'accorder et j'aurai une éternelle reconnaissance de l'indulgence que je vous implore et dont l'avenir me montrera digne. C'est aussi au nom de ma famille que je m'adresse à vous. Je souffre plus pour elle que pour moi de cette affreuse accusation. Ayez pitié de moi, Monsieur, ayez pitié de tous les miens.

Mais il est trop tard. Encadrée d'un brigadier et d'un gendarme et accompagnée de sa cousine Emma et de Clémentine, qui ne l'a jamais quittée, elle part pour la prison de Brive.

Voici comment elle raconte, dans ses *Mémoires*, le déroulement de ces terribles journées où elle a la forte impression d'être en proie à la calomnie et à la machination :

Instruite un jour à l'avance de l'arrivée à Glandier du procureur du Roi et du juge d'instruction, j'avais refusé de nouvelles offres de fuite. J'étais restée par la force de ma volonté et de ma conscience et je m'apprêtais, sans trop de frayeur, à subir un interrogatoire. Je descendis au fond de mes souvenirs ; je cherchais à me rappeler les circonstances insignifiantes, inaperçues dans leur principe, et qui étaient devenues, par de calomnieuses insinuations, de graves et terribles charges contre moi. Je recommandai à mes domestiques de chercher aussi la vérité et de la dire exactement.

Le procureur du Roi et le juge d'instruction arrivèrent le matin. La journée se passa à interroger Mlle Brun, Denis, mes domestiques. Je fus étonnée que les témoins communicassent librement entre eux et qu'ils ne pussent s'approcher de moi, que l'on avait, pour ainsi dire, mise au secret dans ma chambre ; je ne voyais qu'Emma et Clémentine, et encore après leur déposition.

Mon interrogatoire commença à huit heures du soir et dura jusqu'à trois heures.

J'avais cru d'abord qu'il ne me faudrait répondre que sur des questions relatives à l'empoisonnement, et je me sentais ferme et courageuse. Mais quand je vis défeuiller tous les jours de mon passé, sous les froides questions qui sondaient mon âme, j'eus peine à contenir toutes mes révoltes, tout mon désespoir. Je sentis des larmes rouler dans mes yeux. Je sentis une main de glace peser sur ma pensée. Je pus balbutier quelques mots à peine, et je ne revins à moi-même que lorsque je n'eus plus à répondre qu'aux accusations des faits matériels et odieux de l'empoisonnement. Les paroles du juge d'instruction ne me laissèrent pas longtemps douter de sa prévention. Je vis que les interrogatoires des témoins avaient été dirigés moins dans le but de découvrir le coupable que dans celui de convaincre, d'écraser celle que l'on avait désignée. Je ne crois pas qu'il y eût un sentiment de haine dans la conduite de M. La Chapelle ; mais il est des intelligences trop exiguës pour loger deux idées contradictoires. La famille Lafarge avait parlé la première. Je dus frapper inutilement à la porte du cerveau magistral.

Le procureur du Roi, M. Rivet, remplit la pénible mission qui l'amenait vers moi avec une douce et triste compassion. Il eut des égards aussi grands que mon malheur. J'étais seule avec lui lorsqu'il m'annonça que j'allais être transférée dans la prison de Brive par la gendarmerie. Indignée, je m'étais d'abord soulevée de mon fauteuil comme pour protester de mon innocence. J'y retombais muette, glacée, étouffée sous la fatalité de ma destinée. Je crois que je n'aurais pas vécu dix minutes dans cet état, si une larme qui tomba sur la joue de mon bon et loyal persécuteur ne m'eût rendu la faculté de pleurer. M. Rivet profita de ce moment pour me permettre tous les ménagements possibles ; il me donna trois jours pour essayer d'obtenir l'intervention favorable du procureur général. Il me dit combien son devoir lui était cruel en ce moment, et je sus trouver quelques mots pour le remercier d'avoir si généreusement adouci sa triste mission, d'avoir rempli en homme le devoir sévère de magistrat.

Ce même jour, les gendarmes arrivèrent à Glandier et s'y installèrent. Ce même jour aussi, M. Brugère, achevant sa mission protectrice et généreuse, partit pour Limoges, afin de m'obtenir du procureur général la permission de rester chez moi sous la garde d'un peloton de gendarmerie. Son voyage n'obtint aucun résultat. Il trouva M. Dumont de Saint-Priest déjà fortement prévenu contre moi. Magnaud, Buffière, Denis avaient déposé leurs calomnies dans l'esprit du procureur général. Plusieurs membres de sa famille, amis et Mmes Buffière et Lafarge, lui avaient décrit leur touchant désespoir, ma cruelle et odieuse conduite. Il n'eut pas de pitié pour un monstre. Je m'attendais à un refus ; je n'en fus pas trop malheureuse. Cette triste masure de Glandier me semblait chaque jour plus abandonnée et plus sinistre. J'avais peur. Il y avait eu un crime, il y avait un assassin ; quel était-il ? Je fis coucher Alfred et le pionnier Joseph en travers de ma porte, et cependant, la nuit, je tressaillais au moindre bruit. Le vent qui s'engouffrait dans les corridors m'épouvantait. Quelquefois même, je détournais de mes lèvres, en frissonnant, les boissons qui allaient les désaltérer. Oh ! oui, j'avais peur, bien peur... Car si l'auteur du crime n'avait pas reculé à choisir ma tête pour remplacer la sienne sur l'échafaud, les événements ne pouvaient-ils pas éveiller son intérêt, une pensée qui l'obligeât à sacrifier lui-même la victime qu'il voulait faire sacrifier au nom de la loi ? L'insolence de Denis n'avait plus de bornes. Un soir, il entra dans ma chambre dans un état d'ivresse complète ; et, venant se poser devant mon lit, il s'y appuya, me fit une peinture dégoûtante de ma prison, de la brutalité des geôliers, de la dégradation des femmes dont je devais partager les travaux, le lit, les repas. Changeant ensuite de sujet, il me conseilla de décamper, de me procurer de l'argent, de me fier à lui ; qu'il saurait bien me mener hors des frontières ! Enfin, comme je relevais ma tête avec mépris en lui ordonnant de sortir, il s'éloigna en murmurant : « Relevez-la, relevez-la, votre tête de princesse ; le bourreau vous la rabattra bien. »

Je fus si épouvantée de cette scène que je m'adressai aux gendarmes qui me gardaient pour interdire la porte de mon appartement à ce méchant homme qui pouvait être dangereux dans l'abrutissement de l'ivresse.

Toutes les personnes que j'avais vues m'abandonnèrent à l'heure du danger ; toutes, excepté Emma, qui s'était faite mon ange gardien, et le jeune avocat avec lequel j'avais passé deux heures à Tulle. Oh ! combien je le remerciais d'avoir cru à mon innocence ! M. Lachaud ne m'envoyait pas de vulgaires consolations, mais il accordait à la pauvre femme humiliée, flétrie, son dévouement et son respect. Qu'il en soit béni !

Elle raconte aussi son départ à la prison de Brive :

Il était une heure du matin quand le brigadier de la gendarmerie vint me dire que le moment du départ était arrivé et que les chevaux nous attendaient. J'avais choisi et obtenu cette heure avancée de la nuit pour me rendre à cheval à Vigeois, où m'attendait ma voiture. Pour quitter ma chambre, il me fallut traverser celle de M. Lafarge. Il n'y régnait pas ce calme de la mort qui met dans les cœurs une consolation et une prière, mais un désordre triste et sinistre. Je fus m'agenouiller près de ce lit de douleur.

« Charles, lui dis-je dans ma pensée, Charles, vous voyez ce que je souffre... vous savez mon innocence, du haut du ciel, veillez sur moi, éclairez mes juges, soyez la providence de celle que vous aimez. »

Je me relevai plus forte et je descendis dans le corridor, dont les voûtes sombres, éclairées par des brandons, retentissaient des hennissements des chevaux, de leur piétinement impatient, du bruit métallique que faisaient, en traînant sur la pierre, les longs sabres des gendarmes.

Les domestiques de la maison, les pionniers, les pauvres métayers de nos domaines m'attendaient au pied de l'escalier avec des sanglots... Les uns s'emparaient de mes mains, les autres baisaient le bas de ma robe. Tous ensemble, ils disaient :

« Pauvre dame, que Dieu vous accompagne et vous ramène. Allez, nous le savons bien, nous, ce n'est pas vous qui l'avez fait mourir... Nous ferons des neuvaines... Pauvre femme... pauvre... pauvre... faut-il que nous voyions ainsi votre perte. »

Ces touchants témoignages de regrets et d'affection me faisaient un grand bien et un mal affreux... J'abandonnais en pleurant mes mains aux mains de ces braves gens ; j'embrassais ces bonnes femmes qui vouaient des cierges à la Sainte Vierge pour obtenir mon retour parmi elles, et qui faisaient sur moi le signe de la croix. Cette scène m'épuisait : le brigadier me porta plutôt qu'il me fit monter sur mon cheval.

« Adieu, adieu, pauvre dame ! Que Dieu vous bénisse ! s'écrièrent encore toutes ces bonnes âmes qui m'entouraient.

– Adieu ! leur répondis-je avec désespoir... Adieu ! Je suis innocente... Adieu... priez pour moi ! »

La pluie tombait, glacée, d'un ciel sans étoiles ; la lune restait voilée sous le crêpe gris et flottant des nuages, et le vent qui mugissait en fureur faisait tourbillonner autour de nous les feuilles mortes de châtaigniers. J'avais abandonné les rênes sur le cou de mon cheval qui marchait tristement au pas et la tête baissée. J'avais une de mes mains dans celle d'Emma, et je pleurais amèrement.

Après deux heures, le paysan qui nous conduisait s'égara... le gendarme ne connaissait pas le chemin... La route, toujours mauvaise, était devenue fondrière ou torrent, et je dus moi-même servir de guide dans ce chemin qui me conduisait peut-être à la mort. Cette nécessité de veiller au salut des autres, la pensée du danger, toujours entraînante et douce quand la vie pèse sur le cœur, le mouvement, l'excitation calmèrent les angoisses du départ. La pluie avait traversé tous mes vêtements. Le brave gendarme ôta son manteau pour m'en couvrir, se dépouilla de ses gros gants pour en réchauffer mes mains glacées, et puis, quand, après cinq heures de marche, nous arrivâmes à Vigeois, l'excellent homme se rappela que Clémentine lui avait recommandé de me soigner et voulut lui-même sécher et ranimer mes pieds engourdis par le froid.

M. Fleyniat s'offrit de m'accompagner jusqu'à Brive ; je l'acceptai avec reconnaissance. Les émotions et les fatigues de la nuit m'avaient brisée ; il fallut nous arrêter à moitié chemin, me laisser prendre quelques heures de repos sur un lit ; aussi était-il fort tard quand nous arrivâmes à Brive.

On savait mon arrivée. La populace se pressait en foule autour de la voiture ; des cris, des rires, des paroles grossières, insultantes, bourdonnaient à mon oreille. La porte de la voiture s'ouvrit ; au bruit des verrous, involontairement je reculais... Je fis deux pas en arrière... Puis rassemblant toutes mes forces, avec un courage désespéré, je franchis le seuil de ma tombe.

On installe Marie et ses deux accompagnatrices, Clémentine et Emma, dans une cellule assez grande. Les trois lits sont séparés par un paravent.

Le réveil de Marie est rude. Elle écrira dans son journal :

> Après quelques heures de sommeil profond qui seul vient suspendre les grandes douleurs, le réveil à la vie et à la réalité est amer. Dans le paroxysme du malheur, tant que la lutte existe, la souffrance a une sorte d'activité et de grandeur qui enivre, mais quand le combat est fini, lorsqu'on est vaincu..., on souffre une agonie mille fois plus pénible que l'agonie des mourants.
> En ouvrant pour la première fois les yeux dans la prison, je jetai un cri de douleur et je cachai précipitamment ma tête entre mes mains pour échapper encore à la réalité. Mais je ne pouvais aussi poser un sceau sur mes pensées, elles me torturaient.

Elle crie son innocence, son honneur piétiné, elle invoque la puissance de Dieu pour qu'il vienne à son secours :

> Grand Dieu, je remets dans tes mains tous mes opprobres et ta verge puissante va tomber sur ceux qui m'ont frappée. Relève la pauvre fleur courbée sous la calomnie et rends-lui la blancheur rayonnante que tu donnes au lys dans tes vallées.

Et elle ajoute :

> Je n'appartiens plus ni à ce peuple, ni à ce siècle.
> Mourir n'est rien... mais servir de spectacle aux yeux

du vulgaire, être sevrée de ma famille, de ma maison, de tout ce qui fait la société, le charme de la vie...

Pourtant, la présence constante de Clémentine et d'Emma adoucit le régime carcéral. Sa famille est également à ses côtés. L'oncle Garat mène son enquête et apprend que les affaires de Lafarge n'étaient pas des plus honnêtes. Sa tante lui écrit :

Ma pauvre Marie ! Dans quel état tu dois être ! Je te plains ! Que je suis malheureuse de ne pouvoir voler près de toi pour calmer les orages de ce cœur si déchiré ! Quelle infamie que ces idées que ta belle-mère a mises en avant, mais c'est révoltant, jusqu'où la douleur d'une mère peut-elle s'égarer ! C'est d'ailleurs sa seule excuse. Du reste, tu n'as pas l'air de t'en occuper et tu as bien raison.
Une semblable infamie me paraît impossible et elle l'est réellement. Il faut donner, exiger, rechercher toute espèce d'éclaircissement car il ne faut pas le plus petit doute à tes ennemis, et ta réputation, ton honneur, doivent se sentir blancs et purs comme ta conscience.

Pour tuer le temps, Marie lit énormément, et elle écrit inlassablement. Elle est toutefois très affectée par le départ de sa jeune cousine, Emma, qui a dû quitter la prison pour retourner chez ses parents.

L'histoire des bijoux disparus

Comme préface à l'accusation principale, un événement qu'elle n'avait pas prévu vint compliquer et aggraver une situation difficile.

En effet, le **31 janvier 1840,** dans *La Gazette des tribunaux*, on pouvait lire :

> On se préoccupe vivement, depuis hier, dans la haute société parisienne, de l'avis qui serait parvenu sur l'arrestation d'une jeune femme nièce d'un des personnages les plus notables de la finance prévenue d'avoir empoisonné son mari.
> Cette prévention donnerait lieu, assure-t-on, à la reprise d'investigation d'une parure de diamants dans une maison où la jeune dame, aujourd'hui arrêtée, avait accès avant de contracter le mariage si tragiquement dénoué.

En effet, M. de Léautaud, l'époux de Marie de Nicolaï, en apprenant l'arrestation de Marie Cappelle dont il s'était toujours méfié, fit le rapprochement avec les bijoux disparus de sa femme au château de Busagny. Il se rendit chez le préfet de police pour lui signaler qu'une perquisition à la maison du Glandier permettrait peut-être de retrouver les bijoux de sa femme.

Cette perquisition eut lieu le **10 février 1840.** Dans un tiroir du secrétaire de Mme Lafarge, on trouva une petite boîte ronde en carton rose qui contenait des diamants et des perles démontés.

Mme Lafarge avait commencé par dire qu'elle tenait ces bijoux d'un oncle. Les diamants identifiés, et de contradiction en contradiction, elle finit par confesser que Mme de Léautaud lui avait confié les bijoux avec mission de les vendre en secret et d'en remettre l'argent à l'ancien soupirant de Mlle de Nicolaï pour prix de son éloignement et de son silence.

Pour assurer sa défense, sa famille lui propose maître Paillet, un avocat parisien. Bâtonnier de l'ordre, la quarantaine et homme du monde, il connaît bien l'aristocratie parisienne. Il se fait seconder par maître Théodore Bac, un jeune avocat très connu de Limoges qui donne tout son temps et son énergie à l'affaire.

Il vient trouver à Paris Mme de Léautaud, porteur d'une lettre de Mme Lafarge :

> Marie,
>
> Que Dieu ne vous rende pas tout le mal que vous m'avez fait !
>
> Hélas ! Vous êtes bonne, mais je vous sais faible. Vous vous êtes dit qu'arrêtée pour un crime atroce, je pouvais subir cette accusation infâme. Je me suis tue. J'ai remis à votre honneur le soin de mon honneur ; vous n'avez pas parlé.
>
> Le jour de la justice est arrivé. Marie, au nom de votre conscience, de votre passé, sauvez-moi !
>
> Sans doute, il est mal de tendre la main à la reconnaissance, mais il est des positions qui ordonnent dans le cœur l'oubli et je ne sais pour quel front est la rougeur. Voici les faits, vous ne saurez les nier.

Suivait le récit des amours de Mlle de Nicolaï avec Félix Clavé :

> Lorsque je vous connus, bientôt je vous aimais et je devins bientôt la confidente d'une intrigue commencée à Saint-Philippe, continuée dans une correspondance qui passait par mes mains, achevée à Busagny en mon absence.
>
> Vous découvrîtes bientôt que ce bel Espagnol n'avait ni famille, ni fortune : vous lui défendîtes de vous aimer, après avoir été chercher son amour. Et, pour en finir, vous avez été chercher un autre amour dans d'autres lettres qui vous ont fait épouser M. de Léautaud.
>
> Je reçus plusieurs lettres de l'abandonné qui vous accusait et demandait vengeance. Bientôt vous le vîtes

et, sous prétexte de faire votre portrait, vous avez trouvé moyen de le calmer. Cependant, cette position devenait intolérable, il fallait l'éloigner ; il fallait pour cela de l'argent. Alors, quand je fus à Busagny, vous me confiâtes tout. Il fut convenu que vous me confieriez vos diamants, afin que je vous prête dessus ou que j'essaie de les vendre pour payer les termes de la pension convenue.
Lors de mon mariage, je conservai ces malheureux diamants, et quand approcha le mois de janvier pour le paiement, je vous écrivis que j'avais confié à mon mari le dépôt que vous aviez déposé entre mes mains ; que je n'avais pas d'argent à vous prêter, mais que vous parleriez à Lecointe, que nous vendrions les bijoux et les placerions sur la forge à 10 pour 100 avantage pour vous.

La lettre se poursuivait à la manière d'un véritable réquisitoire, dans lequel elle intimidait mais aussi suppliait son amie :

Conduisez-vous noblement pour ma famille, pour mes amis, je ne puis me taire. Me sauver, c'est aussi vous sauver. Je suis obligée de confier ce que je vous dis à mon avocat. Tous ces faits seront connus.
Vous savez que j'ai les preuves entre mes mains.
Les voici ces preuves ; les lettres écrites par vous et par lui, vos lettres à moi, le secret que vous me demandez et qu'une fois je vous ai gardé au risque de me brouiller avec ma tante Garat, la lettre à laquelle, vous me dites qu'il chantait dans les chœurs de l'opéra, qui fera comprendre que l'on peut payer un silence, et qu'il est des positions où l'on spécule sur l'honneur d'une femme ; ensuite les lettres qu'il m'écrivit après votre mariage, votre triste état de santé causé par le tourment et cessé aussitôt le silence acheté, après mon départ de Busagny...

Voulez-vous d'autres preuves de moi ?
Le secret de ce dépôt, confié à mon mari, et dont je lui parle dans l'une de mes lettres, en lui disant de les vendre, le soin que j'ai de les lui faire vendre chez Lecointe, que je sais votre bijoutier, et chargé par votre mari de découvrir les diamants volés, mais dans lequel vous me dites avoir toute confiance, et vouloir prévenir avant la vente.
J'ai la lettre de mon mari, et le timbre de la poste fait foi.
Mais pourquoi continuer, pourquoi ne pas parler seulement à votre cœur et à votre conscience ?
Voudriez-vous avoir ma mort à vous reprocher ?
Oh ! je ne survivrai pas à un doute ; je saurai mourir mais devant le prêtre qui me déliera de mes péchés, devant mes amis, devant le Christ, je dirai que je meurs votre victime, que je suis innocente, que je veux la réhabilitation pour mon tombeau, pour ma mémoire, que je la léguerai au cœur de mes amis.
Quand je serai morte, Marie, on me plaindra ou me vengera, votre faiblesse sera un crime et un déshonneur.

La crainte, la menace, la prière se mélangeaient dans cette lettre qui se terminait sur cette requête :

Il n'y a qu'une chose à faire maintenant ; il faut reconnaître, par un billet signé de votre main, daté du mois de juin, que vous déclarez m'avoir confié vos diamants en dépôt avec autorisation de les vendre, si je le jugeais convenable.
Cela arrêtera l'affaire. Vous expliquerez ainsi que vous l'entendez votre conduite à votre mari, et toutes vos lettres vous seront renvoyées et le plus profond secret garantira votre honneur et votre repos. Adieu.
Croyez-le bien, Marie, pour vous sauver j'ai été martyre deux mois. Vous m'avez oubliée. Je pourrais vous

donner ma vie ; mais ma réputation, le cœur de mes amis, l'honneur de mes sœurs...
Cela jamais.

L'avocat Charles Lachaud

Il naquit à Treignac, en Corrèze, en 1818. Lorsqu'il eut terminé ses études, il se rendit en 1836 à Paris, où il suivit les cours de la faculté de droit. De retour en Corrèze, il se fit inscrire au barreau de Tulle. C'est lui qui va plaider le dossier de Marie Lafarge.
Son éloquence mise au service de sa cliente et le retentissement qu'eut ce procès lui ouvriront les portes de la célébrité. Il fut appelé par la suite à plaider des causes importantes en province et à Paris, où il se fixa après avoir épousé la fille de l'académicien Arsène Ancelot.

En lisant cette lettre, l'indignation de Mme de Léautaud ne fit que croître. Mieux, elle garda la lettre et refusa tout compromis.

Maître Bac, ébranlé par cette attitude, revint de Paris les mains vides. Peu crédible aux yeux de ses adversaires, Marie, après avoir été accusée d'empoisonneuse, est désormais accusée d'être menteuse et voleuse :

Sur un soupçon, ils ont été échanger pour moi la voûte du ciel pour la voûte de leurs cachots... écrit-elle, sur un soupçon ils ont flétri mon passé, ils flétriront mon avenir.

Voyant que son défenseur, découragé, paraissait perdre la foi, Marie Lafarge se souvint d'un jeune avocat dont un jour à Tulle, elle avait entendu la plaidoirie dans une affaire d'infanticide à laquelle elle avait assisté par hasard.

Elle lui fit parvenir un billet :

> Vous avez un admirable talent, Monsieur. Je ne vous ai entendu qu'une fois et vous m'avez fait pleurer. Alors pourtant, j'étais gaie et rieuse, aujourd'hui je suis triste et je pleure. Rendez-moi le sourire, en faisant éclater mon innocence aux yeux de tous.

Ce jeune et brillant avocat de vingt-deux ans n'était autre que Charles Lachaud, dont la passion pour Marie se transformera au fil des années en une longue amitié.

Le tout premier soin de Marie fut de charger maître Lachaud de tenter une nouvelle démarche auprès de Mme de Léautaud.

La parole élégante, vive, facile, persuasive, espérant être plus heureux que son confrère, celui-ci se rendit donc à Paris, chez Mme de Nicolaï mère. Malgré sa conviction, sa force de persuasion et son talent, il devait échouer tout autant que maître Bac.

Cet échec est grave car les nouvelles imputations, calomnies et rumeurs se multiplient. Les journaux relatent les moindres faits et gestes de son histoire. Marie, accusée de tous côtés, est épuisée. Elle écrit :

> Les faits allégués, en devenant si nombreux, si vagues, échappaient à tous les efforts de la défense. On ne précisait pas et il fallait justifier ! C'était comme un poignard acéré qu'une main habile tournait sans relâche et qui rouvrait la même blessure.

Elle se sent impuissante et pense qu'il vaut mieux s'en remettre entièrement à son avocat, maître Lachaud, à qui elle écrit presque tous les jours :

> Que je suis heureuse, mon ami, d'avoir trouvé les mots que vous aimez, ceux qui s'harmonisent avec votre cœur ! Oh ! ce que je sens est bien nouveau pour moi : c'est l'affection sans écho dans le passé, c'est donc une douce et sainte chose, c'est le radieux arc-en-ciel après les jours d'orage. Quand ces lettres m'arrivent, je les lis bien vite d'abord, puis je ferme les yeux, j'appuie mon front dans ma main et je cause avec vous quelques bonnes minutes, je vous remercie de vos paroles si affectueuses, je vous bénis de votre croyance si dévouée, et je vous dis mon âme, mes craintes, mes fragiles espérances, mes froides appréhensions. Je commence la journée avec vous.

Le procès des bijoux

Dans le grand procès d'empoisonnement qui, depuis plusieurs mois, défraie la chronique, cette affaire de vol de diamants n'est qu'une manière de « lever de rideau », et, le **9 juillet 1840,** le palais de justice de Brive, récemment achevé, va connaître une inauguration sensationnelle.

Dans la salle d'audience de ce tribunal pleine à craquer, on se dispute les places. L'entrée de Mme Lafarge fait sensation. Un journaliste la décrit en ces termes :

> À onze heures dix minutes, Mme Lafarge fut amenée. Elle est entièrement vêtue de noir. Un chapeau de crêpe laisserait pleinement apercevoir ses traits, s'ils n'étaient en partie dérobés à la curiosité publique par un long voile de gaze. L'œil indiscret des spectateurs,

la curiosité brusquement empressée des dames cherchent à percer cet obstacle pour étudier, sur la figure de la prévenue, diverses émotions qui doivent agiter son âme.

Mme Lafarge est pâle ; ses cheveux, d'un noir ébène rangés en bandeaux sur le front, semblent en rendre la pâleur plus remarquable encore. Ses yeux baissés, ses longues paupières, ses sourcils élégamment arqués sur son front uni, la régularité de ses traits, la conformation exacte d'une bouche assez grande, mais laissant apercevoir des dents petites et blanches, et légèrement pincée aux extrémités des lèvres, la coupe de cette figure blanche encadrée dans une épaisse auréole de deuil sembleraient, dans toutes leurs parties, devoir constituer un assemblage parfait, un tout remarquable ; mais il n'en est rien.

Peut-être les tourments de la captivité, le ver rongeur de la solitude, les incertitudes de l'avenir ont-ils dérangé cet ensemble, détruit cette harmonie, car il faut le dire, Mme Lafarge n'est ni belle, ni jolie.

Mme Lafarge, quant à elle, décrit dans ses *Mémoires* ses impressions et l'ambiance qui régnait ce jour-là dans la salle d'audience :

Chacun accourait assister à cette déplorable joute où l'honneur de deux femmes allait se briser l'un contre l'autre, où deux familles allaient peut-être verser des larmes de sang et de honte. Jamais toilettes plus recherchées, sourires plus gracieux, coquetterie plus agaçante ne s'étaient donné rendez-vous dans le prétoire de la petite ville de Brive et, en effet, ne devraient-elles pas répondre, ces deux jeunes élégantes, à l'appel, aux encouragements des magistrats ? N'avait-on pas orné une salle tout exprès pour la cérémonie ? La fraîcheur des draperies, le bon goût des

décorateurs ne m'annoncent-ils pas les bons soins d'une administration galante ?
Lorsque tout fut prêt, lorsque les privilégiés, dames et messieurs, se furent commodément assis, mangeant, riant, discutant, et qu'on eut ouvert, de par la loi, à quelques hommes du peuple, un petit nombre de places incommodes exigées pour la publicité, on introduisit l'accusée et le spectacle commença.
Quel tableau !
En face, vis-à-vis, Mme Lafarge et Mme de Léautaud ! Toutes deux calmes, toutes deux impassibles. Où est l'innocence ? Où est le mensonge ? Leurs regards se cherchent et se suivent ; on les observe ; pas une émotion ne les trahit : dans ce jeu muet où leur honneur est en question, il semble depuis leur dernière entrevue, qu'un abîme de honte et de douleur les a séparées. Ce sont bien là deux ennemies froides, calmes, dignes qui se connaissent depuis longtemps et savent attendre et calculer lentement leur victoire.

Dès l'ouverture de l'audience, que présidait M. Lavialle de Masmorel, maître Bac commence à plaider le vice de forme.

Soulignant ce qu'il appelle « l'étrange déroulement de la procédure » il se déclare surpris de voir qu'on recherche l'existence d'un délit alors qu'on accuse l'inculpée d'un crime :

« Si une condamnation, ce que, sans doute, nous ne redoutons guère, venait à être prononcée, devant les assises votre justice ne saisirait plus qu'un cadavre. L'accusation d'aujourd'hui portée contre elle renaîtra tout entière devant les assises, où, une seconde fois encore, il lui faudra braver les regards d'une foule avide et curieuse de ces si tristes spectacles... Faut-il, sans intérêt pour la justice, prolonger son agonie, prolonger les tortures d'une femme... Il faut que ce ne

> soit plus une femme de haute intelligence, entourée jusqu'ici de respect, qui comparaisse devant le jury, mais bien une reprise de justice [...] Bref, de faire périr en police correctionnelle ses intérêts les plus sacrés, de faire, tranchons le mot, prononcer une condamnation à mort par la police correctionnelle. »

Puis maître Lachaud intervient sur le thème de la presse qui, quotidiennement et sans preuve, calomnie et salit sa réputation. Il demande aussi une remise du procès pour permettre à sa cliente de produire des témoins à décharge, chose que la rapidité de l'instruction n'a pu, dit-il, lui permettre, et, apostrophant son adversaire, maître Corali, avocat de la partie civile, il conclut :

> « Ainsi donc, pour vous, accusateur de Mme Lafarge, vous avez résolu la mort de cette femme. Vous lui montrez à l'extrémité de la route l'échafaud qui se lève, terrible et menaçant ; mais ce n'est pas assez pour vous, dans le parcours, vous voulez encore torturer son âme, briser son corps. »

Maître Corali répondra par l'honneur sali, argument qu'il utilise à tout instant :

> « Cruelle position que celle de Mme de Léautaud frappée tout d'un coup dans sa réputation, dans son honneur, par l'attaque la plus imprévue, la plus inouïe ! Que de souffrances, de profondes douleurs, de tortures poignantes il lui fallut silencieusement subir ! Voir sa réputation tout à coup obscurcie et se taire !... Des récits vraisemblables et presque monstrueux, passant de bouche en bouche, donnés en pâture dans les journaux à la curiosité publique sont venus frapper ses yeux, ses oreilles, troubler sa vie,

compromettre sa santé. Elle s'est tue, attendant avec une douloureuse impatience l'heure de la justice. »

Les plaidoiries sont vives. Combattue par l'avocat de la partie civile et par le ministère public que représente M. Dumont de Saint-Priest, la double demande des avocats de Marie est rejetée par le tribunal, qui considère que la prévenue n'a au contraire cessé, au cours de l'instruction, de souhaiter une prompte solution de cette affaire. Tous les témoins indiqués ont déjà été entendus et le tribunal se déclare prêt à admettre à la barre tous ceux qui lui sont désignés.

Maître Bac, bien décidé à faire triompher l'innocence de sa cliente « en tous lieux et par tous les moyens », fait appel du jugement refusant d'admettre sa demande de sursis.

Au cours d'une nouvelle audience, les témoins seront entendus.

La France entière a les yeux fixés sur Brive. La place du tribunal est envahie. Marie arrive en berline accompagnée de ses deux avocats. Elle est obligée d'affronter une seconde fois l'avide curiosité de la foule qui s'est massée sur son passage.

Bac demande à nouveau l'annulation du procès, qui lui est une fois de plus refusée.

Reste alors l'ultime procédure : Mme Lafarge décide de faire défaut.

M. Bac annonce :

« Sa présence est inutile aux débats puisqu'elle ne veut pas se défendre. »

Marie Lafarge se retire... Des murmures parcourent la salle.

L'audience perd dès lors beaucoup de son intérêt ; la vedette faisant défaut, le public ne cache pas son désappointement. Sa sortie remarquée lui fera écrire dans ses *Mémoires :*

> La société d'élite aux mains blanches n'avait eu que sourire dédaigneux et manifestations scandaleuses à l'intérieur du Palais. La population pauvre, laborieuse, fut digne, religieuse, émue sur la place publique.

Dans le peuple on est pour Marie, on plaint cette femme malade accusée du pire des meurtres et que sa meilleure amie a traînée devant les tribunaux.

Lors du procès, Mme de Léautaud n'hésite pas à charger Marie Lafarge.

Dans sa déposition, elle affirme avoir montré sa parure de diamants à des amis ; puis, dix jours plus tard, elle emmena Marie Cappelle dans sa chambre pour lui faire admirer les diamants. Elle ouvrit l'écrin, il était vide :

> « Marie Cappelle parut fort surprise, mais comme j'étais loin de la soupçonner... J'avoue que mes soupçons se portèrent fort malheureusement sur un domestique qui était depuis fort peu de temps à notre service. Trois jours après, ma mère, mon mari et moi, nous ramenâmes Mlle Cappelle à Paris. Depuis, je ne l'ai pas revue. »

Quant à l'accusée, elle répète la version qu'elle a déjà donnée au juge :

« C'est Marie de Léautaud qui m'avait demandé de prendre ses diamants comme s'ils avaient été volés, de les vendre, et ensuite de lui donner l'argent qui servirait à acheter le silence de Clavé. »

Les débats n'apportent rien de nouveau. Mme de Léautaud précise ses relations avec Félix Clavé :

« Jamais je n'ai parlé que j'avais besoin d'argent pour obtenir le silence de Clavé dont la conduite vis-à-vis de moi avait toujours été parfaitement respectueuse, qui ne pouvait pas être l'homme dont il fallait acheter le silence, en allant jusqu'à supposer que j'avais à cacher une étourderie. Mme Lafarge sait très bien qu'elle ne dit pas vrai quand elle ose soutenir que c'est moi qui lui ai livré les diamants pour qu'elle les vende, que je les ai démontés avec elle. Je comprends tout ce qu'il y a de cruel dans ma déposition mais, à moins de faire un faux témoignage, il faut bien que je dise que tout ce qu'elle dit est complètement faux. »

Les témoignages affluent et accablent Mme Lafarge : les uns disent qu'elle avait l'habitude de dérober des petits bijoux, des billets, les autres qu'elle ne cessait d'inventer des mensonges ou qu'elle manquait de franchise.

Maître Corali raconte ensuite la visite à la mère de Marie de Léautaud par maître Lachaud pour tenter d'obliger sa fille à déclarer ce qu'il pensait être la vérité.

« Vous qui êtes sa mère, parlez à son cœur, qu'elle comprenne bien qu'il y a des aveux qu'on peut faire sans rougir, et que les nobles sentiments ne sont jamais une infamie. »

Les débats sont terminés.

Le procès dure quatre jours. Le **15 juillet 1840,** le tribunal rend sa décision :

> « Le tribunal, donnant défaut contre Marie Cappelle, veuve Lafarge, la déclare atteinte et convaincue d'avoir, au mois de juin 1839, soustrait frauduleusement une parure de diamants appartenant à Mme de Léautaud ; pour réparation de quoi, lui faisant application des articles 401 du Code pénal et 294 du Code d'instruction criminelle, la condamne à deux ans d'emprisonnement, condamne la partie civile aux dépens envers le Trésor, sauf sur recours contre Marie Cappelle et, statuant sur les conclusions de la partie civile, lui fait mainlevée de la parure de diamants, perles et brillants en l'état où elle se trouve actuellement ; bien entendu que ladite mainlevée ne recevra son exécution qu'après que les délais, soit de l'opposition, soit de l'appel, seront expirés, permet l'insertion du présent jugement dans tous les journaux de Paris ; autorise la partie civile à le faire imprimer au nombre de mille exemplaires et de la faire afficher partout où il lui plaira ; pour être remboursé des frais d'impression et d'affiche sur les mémoires des éditeurs, des journaux, des imprimeurs et des huissiers, condamne Marie Cappelle, veuve Lafarge, et ce par corps aux dépens pour tous les dommages et intérêts envers la partie civile et fixe la contrainte par corps à un an. »

Dès qu'ils ont connaissance du verdict, les avocats Bac et Lachaud font appel.

Marie, découragée, songe alors à demander le concours de son troisième défenseur, l'illustre bâtonnier parisien Alphonse Paillet.

Elle adresse à l'avocat parisien un billet fort pressant :

> Par grâce, Monsieur, n'abandonnez pas la pauvre calomniée, elle vous confie son honneur, sa vie et Dieu qui est père de toutes les douleurs bénira votre généreuse participation.

Marie, en prison depuis six mois, a maintenant vingt-quatre ans. Elle doit quitter la prison de Brive pour Tulle, où il va falloir affronter un nouveau procès prévu pour le 13 août.

Le temps passe, la cour d'assises de la Corrèze annonce pour le 3 septembre le jugement de l'empoisonneuse du Glandier. Le **13 août,** le tribunal de Tulle annule pour des motifs de droit la condamnation de Brive. Évoquant le fond de l'affaire, il en ajourne l'examen à une date ultérieure.

Pour certains, elle est l'empoisonneuse, pour d'autres elle est la femme innocente que le destin accable, et trahie par ses amis.

Voici ce que dira d'elle tout en la regrettant le directeur de la prison de Brive :

> Vue dans l'intimité, Mme Lafarge est un mélange de force et de faiblesse, enfant et homme à la fois, elle résistera aux coups les plus affreux, elle dominera la calomnie la plus habilement ourdie et elle faiblira devant les mesquines persécutions. D'un esprit mobile et impressionnable à l'excès, elle passe, en peu d'heures, par toutes les phases de désespoir et de gaieté.

Chapitre 3
Les assises

L'instruction a duré neuf mois. La presse s'est emparée de l'affaire et les indiscrétions ont excité la curiosité publique. Celle-ci va être satisfaite. *La Gazette des tribunaux,* dans son édition du 3 septembre, annonce le procès :

> Les débats de cette grave et mystérieuse affaire qui tient en haleine depuis si longtemps la curiosité publique en suspens vont s'ouvrir. Les sombres mystères de la solitude du Glandier vont être révélés. Les secrets les plus intimes des premières années d'une jeune fille, les premiers mois d'une vie de jeune femme que le crime aurait interrompue, vont être mis au grand jour, les débats pour la première fois contradictoires, livrés au jugement des hommes et à l'appréciation de la publicité.

Le **3 septembre 1840,** le procès commence devant les assises de Tulle. Marie Lafarge arrive devant les assises avec un casier judiciaire chargé d'une condamnation et la forte réputation de menteuse.

À sept heures trente, on ouvre les portes vers lesquelles le public se rue. M. Barny, conseiller à la cour royale, préside la cour. M. Decous, avocat général, occupe le siège du ministère public. À ses côtés, trois magistrats : MM. Gautat, de Lamirande et Grèze. Maîtres Paillet, Bac et Lachaud assurent la défense. Derrière la cour, quelques invités de marque : le maréchal de camp Hugo, commandant le département et oncle du poète, le préfet Meunier et les célébrités judiciaires de la ville.

Marie Lafarge est introduite. Elle est brune, très pâle et en grand deuil de veuve, coiffée d'une capote de crêpe d'où tombe un voile noir, ce qui fait ressortir sa mine blafarde et la rend émouvante. Elle relève son voile, et ses yeux, qui n'ont rien perdu de leur éclat et de leur vivacité, regardent l'assistance. Elle sourit à quelques figures amies, à sa famille. Les Garat, de la Banque de France, sa sœur et son beau-frère Mme et M. de Violaine, qui ne l'ont pas abandonnée.

La calomnie, cependant, a fait son travail auprès des jurés, qui se répandent en déclarations avant même l'ouverture du procès. Ainsi M. Brindel, chef du jury, avant de se rendre à Tulle, déclare que les débats ne lui enlèveront pas sa croyance en la culpabilité de Mme Lafarge ; d'autres jurés, MM. Terrioux, Plazanet, Duval, parmi les douze jurés de l'affaire Lafarge choisis par le préfet, disent que leur opinion est faite. Ces jurés représentent les habitants les plus riches du département.

Une ville bouleversée

Tulle est en ébullition avec une foule qui dépasse toutes les prévisions. Tous les hôtels sont pleins, car on est venu d'un peu partout, de Paris notamment, pour assister aux audiences. Dès cinq heures du matin, le centre de la ville et les abords du palais de justice sont envahis par la foule, où se côtoient l'aristocratie et la bourgeoisie du pays, des journalistes parisiens, des fonctionnaires, des officiers et quantité de femmes pour lesquelles on avait construit une tribune.

Ainsi, sur les trente-six jurés choisis pour la session des assises de septembre 1840, il y a quinze propriétaires, quatre notaires, quatre fonctionnaires, trois médecins, un chirurgien, trois maires, trois capitaines à la retraite, deux avocats et un marchand de vin. Brindel, par exemple, l'homme le plus hostile du jury, est avocat et juge suppléant à Ussel.

Au cours de son interrogatoire, Marie dit clairement, d'une voix faible mais nettement articulée, son nom, son âge (vingt-quatre ans) et se déclare propriétaire. On procède ensuite à la lecture de l'acte d'accusation haineux qui accable l'accusée.

La famille Lafarge y est présentée comme riche, honorable et aimée dans toute la région. Marie apparaît sous les traits d'une jeune femme cultivée mais perverse, venue dans le Limousin apporter le malheur dans une famille heureuse, accusée d'avoir humilié, manipulé son mari ; l'interminable acte d'accusation continue ainsi :

> Dès ce moment, Marie Cappelle arrêta sa pensée de recouvrer son indépendance par la mort de son mari dont elle recueillerait la succession. Elle encourage Lafarge à monter à Paris pour obtenir un brevet d'invention... Elle l'enserre dans un filet d'amour passionné et, le jour où elle acquiert la certitude de

l'obtention du brevet, elle fait acheter de l'arsenic pour commencer à l'assassiner. Elle lui envoie, le 18 décembre, des gâteaux empoisonnés. Il en mange un petit morceau, mais tombe malade aussitôt. Il rentre au Glandier au petit matin du 3 janvier. Il s'allonge, fatigué. Il ne se relèvera jamais. Marie achetait de l'arsenic sous prétexte de détruire les rats du Glandier. Marie veillait nuit et jour Lafarge pour mieux l'empoisonner. Un témoin, Mlle Brun, vit, le 12 janvier, Marie verser de la poudre blanche dans un bol qu'elle donna ensuite à boire au malade. Plus tard sa belle-mère la surprit mêlant de la poudre blanche à une potion destinée à son mari. Interrogée, elle répondit, agacée, que c'était de la gomme. C'est ainsi que le malheureux Lafarge, en proie à des douleurs atroces, périssait, victime d'un crime horrible en présence de sa mère, de sa sœur, du médecin qui, tout effrayés des ravages de cette maladie cruelle, stupéfaits de ces terribles phénomènes, luttaient contre le soupçon qui envahissait leurs âmes, parce que leur raison, leur cœur, leur pudeur même reculaient d'épouvante devant la vraisemblance quand ils songeaient aux liens sacrés qui unissaient l'empoisonneuse à la victime. Lafarge mourut dans des douleurs atroces. Les médecins ne se doutèrent de rien jusqu'à la veille de sa mort. Marie a toujours soutenu que le poison était destiné aux rats ; qu'est alors devenu l'arsenic acheté le 5 et le 10 janvier ? Le jury appréciera si la mort de Lafarge, les souffrances cruelles qui l'ont précédée, sa longue et douloureuse agonie, la présence de poison dans ses entrailles, ne sont pas une preuve éclatante de la destination qu'il a reçue.

Accusée par sa meilleure amie d'avoir dérobé une parure de diamants, elle nie tout, puis après la perquisition qui permet de retrouver la parure dans sa chambre du Glandier, au lieu d'avouer son forfait, elle préfère inventer une fable : un amant avant le mariage, un silence qu'il fallait acheter, qui déshonore une noble et admirable mère de famille. Enfermée ainsi dans un système de défense ridicule, elle souille l'honneur d'une famille aristocratique. Le tribunal de Brive a déclaré Marie coupable du vol des diamants et l'a condamnée à deux ans d'emprisonnement. Donc, de tous ces faits l'accusation est fondée à conclure que Marie Cappelle, après avoir commencé par un vol ignominieux, suivi d'une affreuse diffamation, a fini par un grand crime conçu et préparé avec une profonde dissimulation, exécuté avec une persévérance et une cruauté atroces et froides dont le cœur humain et les fastes criminels n'offrent fort heureusement que de très rares exemples.

Fait au parquet de la cour royale de Limoges,
le 7 août 1840.

Devant cet acte d'accusation, Marie apparaît comme une dangereuse criminelle.

Pendant deux semaines, du **4 au 19 septembre 1840,** elle soutint cette épreuve des longues audiences et de procédures souvent entachées de vices de forme.

Et, avant même l'interrogatoire, l'avocat général Decous, avec une violence et une ardeur passionnées bien éloignées du calme que doit toujours montrer la justice, prit la parole pour aggraver l'acte d'accusation :

« En prenant la parole dans cette enceinte, notre cœur est rempli des plus douloureuses émotions.

« En effet il n'a pas suffi à cette femme de précipiter dans la tombe, par des moyens affreux, l'homme auquel elle venait d'enchaîner sa destinée, cet homme qui, vous allez l'apprendre au cours de ces longs débats, n'avait pour elle que de l'amour et des sympathies. Eh bien non ! Le crime ne lui a pas suffi, il a fallu qu'elle le commette avec une persévérance, une audace qui sont sans exemple dans les fastes des instructions criminelles... Telle a été la colère, la colère froide et impitoyable avec laquelle cette femme s'est précipitée sur sa victime comme pour s'abreuver de son sang.

« D'un côté, un homme affable, bon, généreux, solide comme un roc, un homme de la terre, entouré de serviteurs dévoués et de paysans non moins dévoués qui l'aimaient, de l'autre une jeune femme perverse, arriviste, hystérique, vicieuse, déclassée.

« D'un côté le sol nourricier, la terre qu'on féconde, la France qui travaille ; de l'autre les salons, les salles de bal, la parole qui s'exhibe, la France oisive...

« D'un côté, la culture apprise, l'éducation chic, les mondanités, les calculs du paraître ; de l'autre, les valeurs essentielles, le travail, l'amour, la vérité, la force des traditions.

« La nature n'avait pas doté Lafarge d'une intelligence supérieure, il n'avait pas reçu cette éducation brillante qui aurait pu plaire, convenir aux habitudes de Marie Cappelle, mais il était plein de la sensibilité la plus vraie, il était disposé à aimer ceux qui l'entouraient.

« Marie, c'est le poids du mépris. Marie, c'est la haine mortelle de tout homme qui n'est pas un dandy. Marie, c'est le dégoût absolu de tout ce qui ne peut pas le rehausser. Marie, c'est le romantisme exacerbé, c'est la folie d'une jeunesse éblouissante, c'est l'impossibilité de s'accommoder de l'amertume de la réalité. Marie c'est l'accumulation des songeries maladives...

« Marie qui, parce qu'elle a trop lu de romans d'amour, s'est mise à tuer.

« La floraison épouvantable, messieurs, est devant vous : cette femme qui ne s'appelle plus Marie Lafarge mais Lélia, mais Léonore, mais Diane Vernon. Mais le rêve, messieurs, dans ce qu'il a de plus morbide et de plus redoutable pour la vie bourgeoise et les bonnes mœurs. N'oubliez pas, messieurs, que Lafarge mettait des pantoufles, ignorait Hernani et Mme Sand, pinçait le nez de son épouse et lui prenait la taille en l'appelant "ma petite cane" ou "ma biche", ce qui n'était pas du meilleur goût, mais ne méritait pas l'arsenic. Lafarge n'était ni René, ni Werther. Il était rouge et mangeait gras. Lafarge était un mari. Prenez garde au romantisme, messieurs les jurés. Prenez garde à Marie Cappelle. »

Une mise en garde et une image auxquelles les jurés ne pouvaient qu'être sensibles.

Pendant les heures que dure la lecture, Decous ne lui épargne rien ; ni la mort du mari qu'il raconte avec force détails, ni le vol de diamants, où elle osa souiller la réputation d'une noble famille et mentir à la justice, sur lequel il s'éternise :

> « Ce vol, ce vol si bas, ce vol si monstrueusement vil que vous avez commis, dont vous avez laissé accuser des innocents chez une amie, une amie tendre, une amie d'enfance, quelle âme hideuse il révèle en vous, quelle exceptionnelle dégradation il démontre...
> « À côté du vol, le plus infâme, vient se placer la plus infâme diffamation du monde, la calomnie, autre espèce d'empoisonnement, empoisonnement moral qui ne tue pas le corps mais qui tue l'âme, entendez-vous, Marie Cappelle ? »

Marie, qui tient un flacon de sels à la main, lève de temps en temps les yeux au ciel pour échapper à son tourmenteur. Et Decous d'ajouter :

> « Cette cause est grave, très grave, c'est la plus grave peut-être de toutes celles qui occuperont les cours d'assises du royaume pendant de nombreuses années. »

Et, plein de cynisme pour impressionner les jurés, il conclut en suppliant :

« Laisserez-vous dire que le jury baisse la tête lorsqu'il a devant lui une femme de bonne famille, de naissance aisée et bien apparentée, et qu'il la relève quand il a devant lui une misérable sans protections, sans hautes amitiés, sans ressources ?

« Jurés de la Corrèze, soyez fidèles à votre serment. Ne subissez en dehors de cette enceinte aucune impression qui puisse faire violence à vos convictions, altérer la pureté de votre verdict. Je vous demande d'être justes. Vous entendez, messieurs les jurés, cette femme ne peut être sauvée, vous ne pouvez donc être justes qu'en la condamnant. On ne vous demande qu'une chose, c'est de vous prémunir contre tout ce qui pourrait lui être favorable. »

Aussitôt après la harangue de l'avocat général, manifestement dictée par la haine, accusation et défense s'affrontent vivement.

Pour le ministère public, c'est la déception qui a conduit l'accusée au crime. La fameuse lettre écrite à son mari où elle veut rompre, s'enfuir, en fait foi, jusqu'au jour où quelques pincées d'arsenic la libèrent d'un milieu hostile et d'un mari insupportable.

Sur cette lettre, présentée comme la base du procès, Marie s'explique avec simplicité et précision :

« J'étais tellement désespérée de ma position, dit-elle, je désirais tant que M. Lafarge me laissât partir que j'ai dit les choses les plus inconcevables du monde pour l'obtenir... Je vous prie d'avoir de l'indulgence... Je me trouvais isolée de tout le monde... »

Elle raconte très clairement, avec bon sens, combien l'homme qu'elle avait accepté un peu vite avait d'abord été grossier : la scène du bain à Orléans, la désillusion en arrivant au Glandier, dans ce délabrement et cet inconfort :

> « Pendant toute la route, j'ai été extrêmement malheureuse. Arrivée au Glandier, au lieu de cette charmante maison de campagne dont on m'avait leurrée, j'ai trouvé une maison délabrée, ruinée. Je me suis vue seule, enfermée dans une grande chambre qui devait être la mienne pour toujours. Voyez-vous, j'ai perdu la tête... »

Et cela explique bien qu'elle ait voulu s'évader. On peut dire qu'à ce moment toute la salle était avec elle.

Puis viennent le gâteau et les malaises de Charles Lafarge à Paris, les achats d'arsenic, la poudre blanche dans le lait de poule, les boissons, la flanelle, les disputes avec Mme Lafarge mère, les analyses d'Eyssautier, le diagnostic du docteur Lespinas.

Marie n'esquivera aucune question et y répondra sans embarras... Et toujours elle affirmera que l'arsenic n'a été utilisé que pour la chasse aux rats et qu'elle a donné seulement à son mari de la gomme pour sucrer les boissons.

Les premiers experts entendus avaient répondu par l'affirmative à la présence d'arsenic dans les analyses qu'on leur avait confiées. Toutefois, l'accident de laboratoire a empêché de conclure. Pendant qu'on chauffait au rouge le précipité jaune soluble dans l'ammoniaque déjà obtenue, le verre s'est brisé et la substance utile a été détruite. Comme il s'agit là d'un élément essentiel, le bâtonnier Paillet écrit à l'illustre toxicologue Orfila, qui répond :

Monsieur,
Vous me demandez s'il suffit, pour affirmer qu'une liqueur recueillie dans le canal digestif d'un cadavre ou préparée en faisant bouillir dans l'eau distillée une partie de ce canal, contient de l'acide arsénieux, d'obtenir avec elle et l'acide sulfhydrique, un précipité jaune floconneux soluble dans l'ammoniaque, non Monsieur. Tous les médecins légistes prescrivent impérieusement de réduire par un procédé quelconque le précipité jaune et d'en retirer l'arsenic métallique. J'ai longuement insisté dans mes ouvrages sur la nécessité de recourir à cette extraction et j'ai vivement blâmé ceux qui, ayant négligé de le faire, concluaient cependant à la présence arsenicale dans les flocons jaunes dont il s'agit.
Les experts, il y a quelque temps, élevaient de graves soupçons d'empoisonnement, par cela seul qu'ils avaient obtenu, en traitant certains liquides par l'acide sulfhydrique, un précipité jaune floconneux soluble dans l'ammoniaque ; je reconnus que cette prétendue préparation arsenicale ne fournissait pas un atome d'arsenic quand on cherchait à la réduire et qu'elle n'était autre chose qu'une matière animale contenue dans la bile.
Agréez, Monsieur, l'assurance de ma considération distinguée.

Orfila

Cette lettre, lue par Paillet au tribunal, fit sensation. La cour décida alors une contre-expertise. MM. Dubois père et fils et Dupuytren furent chargés des nouvelles recherches sur les substances placées sous scellés.

Le **5 septembre**, ils vinrent déclarer à l'audience que les substances et liquides qui leur avaient été soumis, traités d'après les méthodes les plus récentes, n'avaient pas décelé la moindre trace d'arsenic.

On peut imaginer les réactions de l'accusée, qui leva

les yeux pour prendre le ciel à témoin de son innocence et de son martyre. Lachaud saisit tendrement une des mains de la touchante Marie tandis que Paillet s'écriait : « Et huit mois de prévention ! » On applaudit dans la salle. Marie, dont les parents éclataient en sanglots, s'évanouit et dut être évacuée de la salle. Le président leva la séance.

À la reprise de l'audience, après que le président eut prévenu que si les manifestations recommençaient il ferait évacuer la salle, Dubois reprit sa déposition. Il donna d'abondants détails sur les anciennes méthodes d'analyse :

> « L'arsenic est une substance solide, gris fer avec éclat métallique, de densité 5,7, peu vénéneux par lui-même, mais qui, sous forme d'acide arsénieux ou d'arséniates, est un des poisons à la fois les plus dangereux et les plus usuels. Pour le détecter, il a existé avant 1836 des méthodes présentant évidemment des aléas, mais qui étaient simples. Si l'on jette une substance arséniée sur des charbons ardents ou dans un creuset chauffé, il se dégage des vapeurs blanches avec une odeur alliacée tout à fait caractéristique. Une autre méthode ancienne consiste à employer de l'azotate d'argent ammoniacal qui donne, avec l'acide arsénieux, un précipité d'arséniate d'argent jaune qui brunit à la lumière. Nous avons usé, dit-il, d'un procédé nouveau en nous servant de l'appareil de Marsh, inventé en 1836 par le médecin anglais de ce nom ; il est basé sur la propriété dont jouit l'hydrogène, à l'état naissant, de former avec l'arsenic de l'hydrogène arsénié susceptible de se décomposer par la chaleur et de donner pour produit de l'arsenic métallique et de l'acide arsénieux. On a utilisé, comme contrôle, les procédés anciens. »

Puis il affirma qu'avec cette dernière méthode on pouvait détecter l'arsenic à la dose d'un cinq cent millièmes de la substance analysée.

Au Glandier, après la mort de Lafarge, rien de tout cela n'avait été fait. Les analyses plus ou moins bâclées et l'autopsie, n'en parlons pas. Le procès-verbal n'avait même pas été signé par l'expert néophyte pour la bonne raison qu'il n'était pas assermenté.

Pour le bâtonnier Paillet, les toutes dernières analyses innocentent Mme Lafarge, et *La Gazette des tribunaux* informe immédiatement ses lecteurs :

> Dans l'affaire du Glandier, les experts n'ont pas trouvé d'arsenic.

Mais l'accusation n'abandonne pas la partie. Dubois s'explique sur la première analyse :

> « Toutes les opérations des chimistes de Brive ont bien été conduites ; il était impossible de faire mieux. Si dans l'organe de l'estomac ils n'ont pas trouvé d'arsenic, c'est qu'il n'y en avait pas. Ils n'ont pas trouvé d'arsenic dans les vomissements, ils l'ont dit franchement et je dis qu'ils n'en ont pas trouvé non plus dans les matières organiques. Ils ont cru que le précipité jaune était une indication suffisante de la présence de l'arsenic, et en cela ils se sont basés sur certains avis des toxicologues pour lesquels cette manifestation suffit. Aujourd'hui, quand il s'agit de démontrer la présence de matière vénéneuse, on veut du positif. On ne veut plus que personne ne conçoive le moindre doute. La chimie aujourd'hui est une science de fait, et hors du fait démontré, il n'y a pas de chimie. »

L'avocat général déclara qu'il y avait une si énorme contradiction entre les deux expertises qu'il fallait les considérer toutes les deux comme nulles ; il exigea une troisième analyse.

Le lendemain, la cour ordonna qu'un collège constitué par les trois experts de la première analyse et les trois experts de la seconde, reprît son travail, après que MM. Massenat, Lespinas et Dubois fils, assistés d'un juge de paix, auraient procédé à l'exhumation du corps de Pouch-Lafarge qui avait été enterré au cimetière de Beyssac.

Le *Traité de médecine légale* d'Orfila

Personne n'avait observé les règles recommandées par Orfila dans le quatrième tome de son *Traité de médecine légale* publié en 1836 :
« On ne doit jamais faire sur un cadavre d'incision inutile, ni briser les os, ni déchirer les parties molles ; il faut, au contraire, que les coupes soient nettes afin de ne point altérer la forme du corps et la face. On doit tenir note de ce que l'on observe à mesure que l'on opère. Le local choisi pour faire l'ouverture sera, autant que possible, spacieux, aéré, bien éclairé. Toutefois il convient de faire la première visite dans l'endroit même où le corps a été trouvé, le transport pouvant changer l'état d'une plaie, d'une fracture, d'un engorgement sanguin. Les instruments nécessaires sont : une table solide, assez large pour y étendre le corps, des scalpels, des ciseaux, des érignes, des pinces, des tubes, des bougies, des sondes, des stylets, des compas, une seringue, un mécomètre, des aiguilles courbes et droites, de la ficelle, du gros fil, des éponges, des vases remplis d'eau, un couteau droit,

fort, bien tranchant, une scie droite, une autre convexe, un trépan avec une large couronne, une lame tronquée d'un tranchant ferme et bien affilé, un couteau mince et flexible, un élévatoire, un coin, un marteau. »

Vient ensuite la manière d'ouvrir le cadavre tout en prévenant le lecteur sensible :

« On nous accusera peut-être de prolixité en nous voyant consacrer quelques phrases à la description d'une opération en apparence simple mais un pareil reproche ne serait point fondé car il est démontré que, dans la plupart des cas, les ouvertures juridiques des cadavres se font avec très peu de soin et d'après une méthode vicieuse ce qui empêche d'en tirer le parti convenable. Voici donc comment il faut procéder. Thorax et abdomen : on pratique, de chaque côté, une incision qui va de la partie moyenne et supérieure du sternum jusqu'au pubis, en passant par la partie moyenne des côtes et par l'épine antérieure et supérieure de l'os iliaque : ces incisions ne doivent comprendre, au niveau de l'abdomen, que des téguments. Alors on scie toutes les côtes, excepté la première, en ayant soin de les soulever à mesure qu'on les coupe, pour ne pas intéresser les poumons. À l'aide d'un autre trait, on divise transversalement la partie supérieure du sternum que l'on renverse ensuite en coupant les attaches du diaphragme, le ligament suspenseur du foie et la veine ombilicale ; il ne reste plus alors qu'à soulever le lambeau et à couper les muscles de l'abdomen qui n'avaient pas été incisés. Le lambeau étant renversé sur les cuisses, on aperçoit les viscères dans une grande partie de leur étendue.

« Précautions à prendre après avoir fait l'ouverture du cadavre.

« 1. On rassemble toutes les parties, on les

remet dans leur situation première, on fait coudre à grands points toutes les incisions, on nettoie le corps et on l'enveloppe dans un grand drap que l'on fait coudre et qui est ensuite scellé par le commissaire ; on le dépose dans un cercueil.

« 2. C'est à tort que, dans le dessein d'absorber des liquides épanchés, on remplit les cavités splanchniques de son, de sciures de bois, de chaux vive, car ces poudres changent tellement l'aspect des parties que l'on aurait beaucoup de peine à retrouver ce que l'on avait annoncé dans le premier rapport.

« 3. On doit éviter, autant que possible, d'emporter un viscère ou toute autre partie du cadavre.

« 4. Toute partie détachée doit être enveloppée dans un linge que l'on renferme dans un pot bien bouché et dont on ne confie le transport qu'à des personnes sûres, sans cela la pièce pourrait disparaître ou avoir été changée.

« 5. Les parties molles du cadavre que l'on veut conserver doivent être nettoyées et placées dans de grandes jattes de porcelaine bien nettoyées. »

Toutes ces instructions énoncées nous indiquent que l'autopsie réalisée au Glandier avait été faite en dépit du bon sens. Les morceaux du corps de Lafarge qu'on avait ramenés à Brive dans des bocaux à peine fermés n'avaient pas été scellés et avaient été laissés sans surveillance pendant une semaine dans une salle du tribunal de Brive.

Le **7 septembre 1840,** en présence d'une nombreuse foule, du maire de la commune, le cortège, composé de MM. Dubois et fils, des docteurs Massenat, Lespinas, de l'avoué Peyredieu, du juge de paix du canton de Lubersac et accompagné des quatre porteurs qui avaient mis le corps en terre, du charpentier qui avait fabriqué le cercueil, du bedeau et du fossoyeur, rentre dans le cimetière. Devant la tombe ils prêtent serment et, avec toutes les précautions à prendre pour exhumer un cadavre, ils retirent le corps putride de la fosse en prenant soin de répandre autour de la tombe et du cercueil du chlorure de chaux pour atténuer les miasmes.

On prélève le foie, le cœur, et l'on recueille des restes de chair dans des flacons bouchés et scellés qui sont apportés sous bonne garde au chemin de ronde qui entoure le palais de justice, où des fourneaux ont été déposés.

La chaleur de ce début du mois de septembre rend insupportables les odeurs qui entrent jusque dans le Palais.

Dupuytren vient rendre compte de cette troisième expertise et explique qu'on n'a trouvé aucune trace d'arsenic dans les matières analysées. Mme Lafarge sourit, ses avocats jubilent. Mais, devant l'avocat général, qui voit l'accusation s'effondrer, le docteur Lespinas, lui aussi désavoué, maintient ses convictions :

> « Les procédés d'expérimentation sont des procédés nouveaux que je ne connaissais pas. C'est aujourd'hui la première fois que j'ai vu fonctionner l'appareil de Marsh. J'ai basé mon opinion sur l'ensemble de ce que j'ai vu. Comme médecin, j'ai une opinion différente de ce que j'ai vu comme chimiste : je n'ai rien trouvé aujourd'hui, absolument rien. Comme médecin, je me rappelle les symptômes généraux, positifs, consécutifs, que j'ai remarqués et constatés. Aujourd'hui, j'ai bien observé deux ou trois petites traces ; j'ai cru sentir, par moments, une odeur alliacée. Je crois ferme-

ment, comme médecin, que M. Lafarge est mort par suite d'un empoisonnement. Dans aucun malaise, je n'ai trouvé l'ensemble de symptômes que j'ai trouvés réunis dans la maladie de M. Lafarge. »

Massenat ajoute, dans un excès de zèle, qu'il en avait parlé à Orfila lui-même qui lui avait affirmé que le rapport était suffisant. Orfila, mis au courant de cette histoire, fait insérer dans tous les journaux nationaux, le **7 septembre 1840,** la lettre suivante :

Monsieur,
Je lis dans le numéro d'aujourd'hui de *La Gazette des tribunaux* à l'occasion de l'audience du 4 septembre de la cour d'assises de la Corrèze, deux assertions du docteur Massenat, dont il importe de démontrer l'inexactitude.
J'ouvre les livres de M. Orfila, de M. Divergie, dit ce médecin, et je trouve qu'il est établi en principe que toutes les fois qu'un précipité jaune floconneux est soluble dans l'ammoniaque, la présence de l'arsenic est indéniable. J'ai écrit quatorze volumes sur l'empoisonnement et je défie qui que ce soit de trouver dans mes ouvrages un seul mot pouvant faire supposer que j'ai imprimé une pareille hérésie médico-légale. M. Divergie non plus n'a rien publié de semblable. M. Massenat se trompe encore lorsqu'il prétend que dans la conversation qu'il a eue avec moi le 20 juin dernier, je lui aurais dit que je trouvais le rapport parfaitement suffisant. Si telle eût été mon opinion, je n'aurais pas adressé à M. Paillet la lettre qu'il a lue devant la cour et dont le contenu ne saurait être contesté.

Pour les journaux, le suspense est à son comble ; l'envoyé spécial de *La Gazette des tribunaux* rend compte quotidiennement des audiences :

Tulle, 8 septembre,

Les experts commis par la cour ont installé leurs alambics dans le chemin de ronde qui entoure le palais de justice. Une demi-douzaine de fourneaux rangés en cercle sont chauffés par un immense brasier. Les experts s'affairent autour de ces fournaises dévorantes. L'odeur horrible pénètre jusque dans la salle et incommode tout le monde à tel point qu'on se demande si on pourra continuer.

Audience du 9 septembre,

Nous arrêtons notre tirage pour faire connaître à nos lecteurs une importante dépêche que nous recevons :
Rebondissement dans l'affaire Lafarge.
Les experts n'ont rien trouvé.

Mais l'accusation, qui dit « avoir à remplir une grande et solennelle mission », ne s'avoue pas vaincue.

Le lendemain, la cour souveraine annonce qu'elle donne mission à des experts nouveaux parmi lesquels Orfila pour une quatrième expertise.

Orfila est appelé par télégraphe. La défense ne peut que s'incliner puisqu'on lui donne l'homme qu'a réclamé le bâtonnier Paillet. Mme Lafarge, qui a peut-être d'excellentes raisons de se méfier, lui aurait préféré Raspail, célèbre chimiste également mais surtout mortel ennemi d'Orfila.

Orfila arrive à Tulle le **13 septembre,** jour où viennent déposer à la barre pour la seconde fois Emma Pontier, et la fidèle Clémentine, qui, à plusieurs reprises, éclate en larmes. Il n'est point accompagné des deux collaborateurs que la cour a désignés, Chevalier et Devergie, absents de Paris au moment où le télégramme est arrivé, mais des docteurs Alexandre Bussy et Charles d'Angers, tous les deux membres de l'Académie royale de médecine.

Orfila

Mathieu Joseph Bonaventure Orfila naquit à Mahôn, île de Minorque, en 1787. Son père, qui était un petit marchand, le destine à la marine. Après avoir servi comme mousse puis comme second pilote à bord d'un navire de commerce dans la Méditerranée, il se rendit à Valence et à Barcelone où il étudia la médecine avant d'arriver à Paris en 1807. Il avait alors vingt ans.

Très doué, séduisant et aimant chanter, Orfila était accueilli partout avec empressement.

Ne négligeant ni les plaisirs ni le travail, ayant une grande confiance en lui, il s'était fait de nombreux amis. En 1811, il ouvrit rue des Croix-des-Petits-Champs, à Paris, un cours de chimie. La parole élégante, professeur agréable, encouragé par de nombreux savants de l'époque, ses cours devinrent très courus. Grâce à son extraordinaire facilité de travail, il étudiait et enseignait la botanique, la physique, la médecine légale, et se livra dans son laboratoire à des recherches expérimentales. Il fit paraître en 1813 la première partie de son *Traité des poisons*, qu'il termina en 1815, année où il épousa la fille d'un sculpteur, Mlle Gabrielle Lesueur. Il jouissait d'un grand crédit et la carrière et les honneurs s'ouvraient devant lui. Orfila dut sa grande réputation à ses travaux sur la toxicologie et la médecine légale. Enfin, il joua un rôle important en étant appelé à trancher dans des affaires d'empoisonnement au cours d'un grand nombre de procès.

Ses idées sur la manière de découvrir l'arsenic après la mort des personnes supposées empoisonnées par cette substance furent à diverses reprises l'objet des plus vives attaques de la part de plusieurs savants, entre autres M. Raspail qui ne partageait pas non plus ses idées royalistes. Après la révolution de 1848, il perdit son titre de conseiller des hôpitaux et fut remplacé comme doyen de la faculté. Il mourut le 11 mars 1853 d'une pneumonie.

L'issue du procès est désormais entre les mains d'Orfila. Ils se mettent immédiatement au travail, poursuivant les analyses toute la soirée et une partie de la nuit du 13 septembre. Elles reprennent le 14 et sont menées sans interruption toute la journée. Les heures s'écoulent dans une attente fiévreuse. Toutes les issues de la salle où n'ont pénétré que les experts sont gardées par des soldats. Rien ne transpire.

Le **14 septembre,** à dix-sept heures, on annonce enfin que l'expertise est terminée. C'est alors la ruée dans la salle. Orfila arrive à la barre des témoins. Le silence se fait dans la salle. D'une voix grave et harmonieuse, l'illustre chimiste commence :

> « Je diviserai en quatre parties ce que j'ai à dire.
> « Je démontrerai qu'il existe de l'arsenic dans le corps de Lafarge et que cet arsenic ne provient ni des réactifs, ni de la terre des cimetières, ni de cette portion arsenicale contenue naturellement dans le corps de l'homme. Je ferai voir ensuite qu'il n'est pas impossible d'expliquer la contrariété des résultats et des opinions dans les diverses expertises. »

Chez les partisans de Marie Cappelle, c'est la stupeur. Marie est très pâle. Les avocats protestent. Elle s'évanouit.

Dehors, le tonnerre gronde et la pluie tombe à verse. Orfila, avec méthode et clarté, explique d'une voix calme :

« J'ai travaillé sur deux livres de chair musculaire. Je n'ai rien obtenu. Puis j'ai analysé un morceau de suaire ensanglanté. Résultat également négatif. J'ai examiné le quart de l'estomac qui restait, la matière des vomissements et les liquides trouvés dans l'estomac. Je les ai soumis à la carbonisation par l'acide nitrique, introduit le résultat dans l'appareil de Marsh et j'ai obtenu : une quantité d'arsenic qui n'est pas considérable, arsenic qui est actuellement déposé sur une assiette dans notre laboratoire. J'ai ensuite fait cuire pendant quatre heures dans une grande marmite avec de l'eau distillée un mélange de bout de thorax, d'abdomen, de foie, de cœur et une petite partie du cerveau. J'ai passé le liquide à travers un linge, l'ai réduit par la chaleur à une matière presque sèche, je l'ai carbonisé par l'acide nitrique, lié avec de l'eau et introduit le tout dans l'appareil de Marsh ; nous avons retiré de ce liquide une quantité d'arsenic qui n'est pas considérable. Je dois dire que nul doute ne peut rester sur la nature des matières que nous avons obtenues. L'arsenic métallique a été recueilli sur des assiettes et la commission, composée de trois personnes, à laquelle avaient été adjoints tous les autres experts, sera, je n'en doute pas, unanime sur ce fait que le métal obtenu sur les capsules est bien de l'arsenic. »

L'audience est levée :

« Après les graves résultats des rapports, dit le président Barny, il importe à tous d'avoir le temps de se recueillir. »

La défense est consternée. Toute la nuit, Marie est malade.

Les débats reprennent le **17 septembre.**

L'accusée, exsangue sous son voile de veuve, est étendue sur une chaise longue.

On reprend en détail la question des expertises, et un bref dialogue s'engage entre Paillet, Orfila et l'avocat général :

M. Paillet :

« Je voudrais que messieurs les experts puissent dire à quel poids, si poids il y a, ils peuvent évaluer la quantité d'arsenic qu'ils ont produit à l'état métallique ? »

M. Orfila :

« Cet arsenic est en si petite proportion qu'il serait bien difficile de le peser ; je ne pense pas qu'on puisse en évaluer la quantité au-delà d'un demi-milligramme. »

L'avocat général :

« Quelle que soit la quantité excessivement petite de l'arsenic dont vous avez constaté la présence, cela n'altère en rien l'opinion que vous avez que l'arsenic a été ingéré ? »

M. Orfila :

« En aucune façon. »

Raspail

François Raspail, célèbre chimiste et homme politique, naquit à Carpentras le 25 janvier 1794. Son père, Joseph, était traiteur. À seize ans, on l'envoya au séminaire d'Avignon où il apprit la philosophie et la théologie. Brillant élève, très vite, il fut un adepte de la libre pensée et quitta le séminaire pour retourner enseigner les humanités dans sa ville natale.
En 1816, à vingt-deux ans, il vint à Paris et donna des cours dans un collège d'où il fut renvoyé en raison de ses opinions républicaines. Il continua toutefois à donner des leçons et, bien qu'il menât une existence aussi laborieuse que précaire, il trouva le temps d'étudier le droit et travailla chez un avoué. Très vite dégoûté de la procédure, il s'orienta vers des études de sciences physiques et naturelles et fit d'intéressantes recherches sur la botanique, la zoologie, la chimie, la médecine tout en publiant dans divers recueils le résultat de ses travaux, très réputés. Il ne manquait aucune occasion d'attaquer avec une ardeur passionnée les savants officiels, jaloux de sa notoriété.
Lors de la révolution de 1830, Raspail se joignit aux combattants et fut blessé. Il reçut la décoration de juillet mais refusa la Légion d'honneur ainsi que toutes les fonctions publiques que le gouvernement voulut lui proposer.
Profondément humaniste et révolutionnaire sincère, il continua son opposition bruyante au point d'être condamné à plusieurs reprises à la prison. La chute de la monarchie de Juillet poussa de nouveau Raspail dans les luttes ardentes de la politique. Le 24 février 1848, il pénétra avec des combattants à l'Hôtel de Ville et, le premier, il y proclama la République. Il

mourut en 1878 à l'âge de quatre-vingt-quatre ans entouré des soins de sa fille qui fut l'ange gardien de sa vieillesse.

Marie allait donc être condamnée. Pour maîtres Bac et Lachaud, il restait encore une carte à jouer, compter sur l'intervention de Raspail. Raspail éprouvait pour Orfila une grande animosité. Le révolutionnaire détestait le royaliste, l'homme de la rue et des barricades méprisait l'homme des salons et des alcôves.

L'hostilité des deux savants trouva donc une nouvelle occasion de se manifester au cours de ce procès. À diverses reprises, déjà, Raspail avait été appelé à intervenir dans des procès de cour d'assises où il s'agissait d'empoisonnement. En 1839, il avait eu devant le jury de Dijon une discussion très vive avec Orfila à l'occasion d'une affaire d'empoisonnement à l'arsenic. Raspail, contre-expert de la défense, soutenait qu'Orfila avait commis une erreur.

L'homme qui apprit la médecine pour aider les pauvres, le botaniste, le physiologiste, le savant qui étudiait la chimie, le révolutionnaire intègre, ce contradicteur turbulent était d'un précieux recours pour Mme Lafarge et entretenait son dernier espoir.

Pour aller le chercher, les défenseurs de Marie firent dépêcher un jeune avocat limousin, Babaud Laribière, qui, en un jour et demi, fit le trajet de Tulle à Paris, où il arriva le 17 septembre au soir. Il apportait à Raspail une lettre de Marie :

> Je suis innocente et bien malheureuse, Monsieur. Je souffre, j'appelle à mon aide votre science et votre cœur. Des expériences chimiques m'avaient rendu

une partie de cette opinion qui me torture depuis huit mois. M. Orfila est arrivé et je suis retombée dans l'abîme.

J'espère en vous, Monsieur, prêtez à la pauvre calomniée l'appui de votre science : venez me sauver, alors que tout m'abandonne.

Le 18 septembre, à deux heures du matin, Raspail, accompagné de Babaud Laribière, prenait la route. Le 19, à quatre heures du matin, ils traversaient Limoges. Mais ils étaient en retard. Une rupture d'essieu les avait contraints à réparer. Quand ils arrivèrent à Tulle, le 19, à onze heures, le procès était jugé.

Raspail alla faire une visite à Mme Lafarge dans sa prison. Marie sanglotait car les deux derniers jours du procès avaient été très mouvementés.

Quant à Orfila, il présidait des banquets offerts en son honneur par la bonne société de la ville et se répandait en paroles d'autosatisfaction. Il n'hésitait pas à s'autoproclamer le meilleur chimiste et disait à qui voulait bien l'entendre que Raspail était un menteur.

Pendant ce temps, au tribunal, on avait continué d'auditionner des témoins : Mlle Brun qui affirmait avoir vu Marie verser de l'arsenic dans les boissons de son mari. Elle osa même demander à Marie la permission de vendre le portrait qu'elle avait fait d'elle.

Denis, de son vrai nom Jean-Denis Barbier, celui qui, avec la complicité du défunt, fabriquait des billets de complaisance et se procurait de l'argent avec de fausses signatures, avait déposé. C'était lui qui était à l'origine de l'accusation d'empoisonnement. Il déclara à la barre que Marie lui avait demandé, le 8 janvier, d'acheter soixante-quatre grammes d'arsenic destiné, dit-il, non pas aux rats mais plutôt à faire mourir Lafarge.

Marie, épuisée, fut incapable de se lever. Elle dut rester couchée deux jours. Le doteur Ventéjou, qui la soignait, rédigea un bulletin de santé pour l'avocat général :

> La santé de Mme Lafarge qui se trouve sous l'influence de plusieurs affections toutes graves et alarmantes a constamment été dans un état précaire. Au milieu de ces incidents nombreux et compliqués, elle a toujours conservé ce calme et cette sérénité que sont le partage de l'innocence. Toutefois le physique a souvent reçu de fortes secousses, des sensations morales ; plusieurs fois, durant des nuits entières, Mme Lafarge a éprouvé de violentes céphalgies, de la fièvre, des tiraillements nerveux très douloureux. Ces phénomènes qui durent sont très alarmants.

À la nouvelle audience, la salle est comble, on se tasse dans les travées, dehors, une foule immense s'est massée.

Le président :

> « Gendarme, introduisez l'accusée. »

Mme Lafarge, dont le spectacle est émouvant, baisse la tête, elle est pâle et peut à peine se tenir debout.

L'avocat général prononce alors son réquisitoire :

> « L'action de la justice est lente quelquefois, messieurs, elle l'est surtout lorsque dans cette enceinte viennent se produire les passions ; elle l'est surtout quand il faut lutter contre des difficultés, des obstacles qu'elle n'a pas l'habitude de rencontrer [...] Elle est surtout difficile lorsqu'il s'agit d'atteindre non un de

ces accusés vulgaires sur lesquels l'action de la justice s'appesantit sans peine et qui lui opposent peu de résistance, mais sur une de ces accusées placées au sommet de l'échelle sociale, et qui trouvent en elles-mêmes, dans leur intelligence et dans les intelligences qui se réunissent autour d'elles pour les protéger, un moyen de salut qui échappe aux accusés vulgaires.
« Nous avons hâte d'en finir, car aussi bien dans de pareils débats, la fatigue du corps, celle de l'esprit, finissent par abattre le courage.
Et nous en avons montré, messieurs les jurés, dans le cours de ces débats ; il nous a été donné de ne pas nous laisser abattre un seul instant.
« Et vous aussi, messieurs les jurés, vous aurez du courage, de la fermeté ; et vous aussi, quel que soit le débordement de ces passions agitées autour de vous, quel que soit le retentissement de ces protestations extraordinaires qui ont environné l'accusée dans cette enceinte, vous ne faillirez pas à vos devoirs ; vous comprendrez que la France entière vous contemple, qu'il ne s'agit pas ici d'un de ces faits qui passent inaperçus, qu'il s'agit ici d'une haute et grande question qui sera jugée par la France entière.
« Non, vous ne manquerez à votre mission, messieurs les jurés. J'en ai pour garant votre attitude imposante à ces débats. Je ne crains pas qu'on puisse dire de vous que la balance de la justice a fléchi dans vos mains, parce qu'il s'agissait d'une accusée placée dans les rangs élevés de la société... Messieurs les jurés, je l'ai dit en commençant, et je vais finir par cette pensée qui remplit mon cœur : ce n'est pas pour moi une question de criminalité, mais une question d'égalité devant la loi. Voudriez-vous que la justice ne soit pas un niveau qui passe également sur toutes les têtes ? Oh non ! vous ne le voudriez pas. Voudriez-vous que l'on croie que le jury est flexible et lâche lorsqu'il s'agit d'une femme placée dans une haute position, et qu'il ne relève le front que lorsqu'il s'agit d'une ignoble tête ? Oh non ! vous ne le voudriez pas. Je ne le

veux pas pour vous, je ne le veux pas pour moi. Il y a entre nous une solidarité ; je l'accepte, messieurs les jurés, et vous l'accepterez aussi. Je persiste dans mon accusation. »

L'avocat général Decous ne demande même pas les circonstances atténuantes pour lui éviter l'échafaud.

Au contraire, il affirme :

« Le crime a été commis avec des circonstances affreuses, avec une perversité qui étonne. »

Et il ajoute d'une voix forte :

« S'il y avait une peine plus élevée que la peine de mort je n'hésiterais pas à la demander. »

Il fait pression sur les jurés et se comporte comme un véritable accusateur public qui rappelle les procès pas si lointains de la Révolution.

Maître Paillet répond point par point à l'acte d'accusation ; la fragilité des preuves, la mise en condition des jurés, le rôle de la presse à sensation, la calomnie. Brutalement, l'avocat s'arrête et fait remarquer que l'accusée est trop souffrante pour que l'audience puisse continuer.

La séance est donc levée.

Le lendemain, la plaidoirie de maître Paillet n'a rien perdu de sa lumineuse vigueur. Il lit des lettres du maréchal Gérard, du vicomte de Mornay, de la comtesse de Valence qui s'étaient honorés en ne la reniant pas en ces si douloureux moments.

Il parle de la calomnie, de l'outrage dont on charge l'accusée, souligne son innocence et sensibilise l'auditoire en faisant découvrir ce qu'a été sa vie dans une émouvante harangue :

« Tandis que Mme Lafarge gémissait seule dans le silence, quelle activité déployée contre elle au-dehors ! Que de mauvaises passions soulevées, que de faits mensongers, calomnieux, romanesques, parcourant la France d'un bout à l'autre avec la rapidité de l'éclair, accueillis et commentés par la légèreté ou la malveillance ! Que d'outrages prodigués à une femme faible, souffrante et sans défense ! Qui donc pourrait vous retenir encore ? Comment ne répéteriez-vous pas avec moi, dans toute la sincérité de vos consciences, non, cette femme n'est pas coupable, car elle ne peut pas l'être !... Mais hélas ! C'est là tout ce que vous pouvez pour elle ; ce que vous ne pouvez pas, c'est de faire refleurir désormais cette existence flétrie pour toujours ; ce que vous ne pouvez pas, c'est que cette femme ne soit pas la plus malheureuse entre toutes les femmes de la terre ! Car, voyez, fut-il jamais destinée plus lamentable que la sienne ? Orpheline de bonne heure, elle trouvait du moins dans le nom glorieux que son père lui avait légué, dans un patrimoine honorablement acquis, dans une famille irréprochable, dans une éducation brillante, dans ses grâces personnelles, l'espoir d'un heureux avenir.

« Lafarge paraît !

« À Dieu ne plaise que je vienne en ce moment affliger encore sa mémoire par des reproches même légitimes : elle me désavouerait ! Mais vous savez comment il a obtenu sa main ; cette position qu'il s'était donnée, vous ne savez que trop ce qu'elle était réellement. Et bientôt, grâce à ce fatal mariage, bonheur, fortune, espérances, illusions, santé même, tout s'était évanoui pour elle, évanoui sans retour !

« Voilà, messieurs, ce que vous ne lui rendrez pas ; mais ce que vous pouvez, ah ! faites-le du moins. Hâtez-vous de restituer à la tendresse et aux soins de la famille ce que la lente agonie de la prison nous a laissé de cette jeune femme, naguère encore si brillante et si digne d'envie, réduite maintenant à ce déplorable état qui doit être, pour ses ennemis eux-mêmes, un objet de douleur et de pitié. »

Enfin, se laissant gagner par sa propre émotion, le grand avocat termine sur ces paroles, pathétiques :

« Courage, pourtant, courage, pauvre Marie ! J'ai l'espoir que la Providence, qui vous a si miraculeusement soutenue dans ces longues épreuves, ne vous abandonnera pas à l'avenir. Non, vous vivrez pour votre famille qui vous aime tant, pour vos amis nombreux ; vous vivrez pour vos juges eux-mêmes, vous vivrez comme un témoignage glorieux pour la justice humaine, quand elle est confiée à des mains pures, à des esprits éclairés, à des âmes sensibles et compatissantes. »

Marie fait un signe et en pleurant s'adresse à la cour.

« Monsieur le Président, je suis innocente, je vous le jure. »

Des femmes pleurent dans l'assistance.

Le président résume les débats et rappelle aux jurés la question :

« Marie Cappelle, veuve Lafarge, est-elle coupable en décembre et janvier d'avoir empoisonné son mari pour lui donner la mort ? »

La cour se retire.

La foule, qui attend, est silencieuse. Marie est dans un tel état de souffrance qu'elle ne peut se rendre à l'audience malgré la sommation d'un huissier qui constate qu'il a trouvé Marie à moitié évanouie sur son lit et qu'elle n'a pas pu lui répondre.

La cour ordonne que soit donnée lecture de la déclaration du jury.

Après une heure de délibérations, le jury revient, rentre en séance et déclare qu'il condamne Marie Cappelle, veuve Lafarge, aux travaux forcés à perpétuité et à l'exposition publique sur la place de Tulle.

Chapitre 4
La condamnation à perpétuité

La nouvelle se propage très vite, grâce aux journalistes. L'opinion publique est déçue : la majorité lui était favorable tant ont été exemplaires sa dignité et sa souffrance tout au long de cet interminable procès qui a duré plus de deux semaines.

Marie est écrasée de douleur. Elle veut mourir. Elle refuse de manger et de boire et reçoit dans sa cellule l'homme qui aurait peut-être pu lui éviter la prison : Raspail.

Après sa visite, le savant, très ému, dénonça la négligence de maître Paillet. Le bâtonnier Paillet, qui avait déjà été l'avocat d'Orfila dans un précédent procès, avait refusé de faire venir Raspail en temps utile à cause de la haine qui opposait les deux chimistes.

Dans *La Gazette des hôpitaux,* Raspail raconta sa visite à la prisonnière :

> Marie Cappelle me fit demander le lendemain matin : la permission ne m'en fut pas refusée ; chacun dans le palais de justice, jusqu'au geôlier, paraissait franchement s'intéresser à son sort. Sa famille ne la quittait pas une minute, des visages bienveillants circulaient autour du palais pour avoir des nouvelles. Je ne manquai pas d'introducteurs. Je fus conduit, de main en

main, jusqu'à la porte de son cabanon, sur le palier duquel je fis un instant antichambre : il se passait dans l'intérieur une de ces scènes attendrissantes dont j'ai eu l'occasion d'être si souvent témoin dans ma vie de prisonnier. Marie Cappelle désirait me parler seul à seul, et n'ayant là à sa disposition qu'une chambre, force était bien de congédier sa famille et même sa « sœur chérie » pour me servir de ses expressions devant tout ce que j'avais à lui dire ; mais la volonté d'une condamnée est la volonté sacrée : on s'y soumet sans émettre la moindre réflexion contraire.

Je la trouvai malade, dans son lit, derrière deux rideaux de toile à carreaux bleus et blancs...

En sortant du palais de justice, étourdi et ébloui, je me demandai si c'était bien Mme Lafarge à qui je venais de parler... Il me semble encore que je n'ai eu devant les yeux que Marie Cappelle, Mme Lafarge, telle que je l'ai vue sur son grabat de prison, c'est une femme que la douleur dévore sans trop avoir altéré la régularité de ses formes qui durent en faire une belle jeune fille lorsqu'elle jouissait de la fortune et de la santé. Sans l'animation de sa physionomie, on s'apercevrait que ses traits manquent un peu de régularité, mais on n'en a pas le temps, car l'expression ne tarde pas à venir effacer ce léger défaut d'harmonie, et son regard, tel qu'on le devine à travers les larmes, n'a rien perdu de cette magie qui parut avoir fasciné tant de fois ses amis comme ses ennemis.

Mme Lafarge dans sa prison n'est plus que la fille du peuple abandonnée des hommes entre les mains de la loi. Je n'étais point dépaysé en sa présence. Ses amis m'ont assuré que, depuis sa captivité, elle est toujours la même, et qu'avant elle avait le même goût de la simplicité.

Sa conversation, douce et caressante, conserve dans le malheur et dans l'humiliation ce reflet de beauté et ce je ne sais quoi d'harmonieux et de sympathique qui rendait Marie Cappelle si intéressante à l'époque de sa prospérité. Il est difficile de rencontrer une femme du monde qui sache mieux se placer au niveau des personnes qui lui parlent, et ne mettre dans ses réponses que tout juste la dose d'esprit dont fait preuve son interlocuteur. Elle cherche à plaire à tous et jamais à n'effacer personne. Elle cause de toute chose avec le même intérêt et le même avantage. Elle est d'une force supérieure sur le piano ; douée d'un beau timbre de voix, elle chante avec une méthode ; elle connaît plus d'une science, explique et traduit Goethe à livre ouvert, possède plusieurs langues, improvise les vers italiens avec autant de grâce et de pureté de style que les vers français. Marie Cappelle était une plante exotique au sein des bonnes et simples vertus de ménage de l'éducation limousine.

Chapitre 5
L'après-procès

La justice avait fait de Marie une voleuse, une criminelle condamnée à perpétuité. Mais peu de personnes dans l'opinion sont convaincues de la culpabilité de Marie. Paillet et ses confrères rédigèrent, comme il se devait, un pourvoi en cassation.

Nouveau combat pour la défense de Marie

Raspail prépara pour la Cour de cassation un mémoire où il fit la démonstration que l'arsenic provenait non du corps de Lafarge, mais du nitrate de potasse impur apporté de Paris par le doyen. Raspail demanda à voir le rapport d'Orfila afin de constater lui-même l'état des réactifs. Voici ce qu'il en pense dans son rapport :

> J'ai vu au greffe, dit-il, les trois assiettes obtenues par M. Orfila ; j'en ai pris la description et même la mesure et puis j'ai consulté quelques experts sur la manière dont on avait opéré.
> Les deux premières assiettes obtenues l'ont été par l'acide nitrique ; mais les taches qu'elles renferment sont si peu caractérisées et si petites, elles ont donné

aux réactifs des indications si équivoques que je me garderais bien de prononcer qu'elles soient des taches d'arsenic ; elles ne sont ni pondérantes, ni déterminables, je dirai là-dessus ultérieurement mon dernier mot.
Une condamnation d'après ces deux assiettes seules serait une fatalité déplorable : et tôt ou tard la justice ne manquerait pas d'éprouver des regrets bien amers, pour avoir prêté l'oreille à un aussi faux système.
Quant à la troisième assiette, à la vue et d'après les renseignements analytiques que j'ai puisés dans la conversation des experts du pays, je dois déclarer que l'on peut prononcer que les taches qui la couvrent sont de nature arsenicale. Mais ne préjugez pas trop vite, j'ai de bien graves choses à révéler à ce sujet.
Les taches des deux premières assiettes sont petites, d'un jaune qui tient du gris, chacune d'elles n'est qu'un souffle.
Les taches de la troisième sont larges et gorge-de-pigeon, bleues et miroitantes sur le centre, jaune violet sur le bord. Mais... écoutez bien... elles n'ont été ainsi obtenues que par l'emploi du nitrate de potasse que M. Orfila avait eu la précaution d'apporter de Paris. Sur l'observation que lui en firent les experts, notamment ceux de Limoges, à savoir que ce nitrate n'était peut-être pas pur, M. Orfila répondit qu'il en avait constaté la pureté. Mais comme messieurs les chimistes insistaient et demandaient d'en opérer l'analyse, M. Orfila, poussé dans ses derniers retranchements, avoua que si cette expérience leur paraissait douteuse, il était disposé à l'abandonner.
Alors, répondit M. de Bussy, il faudrait aussi abandonner les deux premières assiettes ; car, à elles seules, elles ne sauraient constituer la base d'une accusation d'empoisonnement.
Dans le rapport de M. Orfila, vous ne trouvez rien de tout cela ; mais tout cela, j'en ai la preuve orale ; qu'il ose me démentir légalement ! Ces aveux ont paru aux

auditeurs si graves et si extraordinaires, que j'ai été autorisé à les publier.

Je dis à messieurs les chimistes de qui je tiens ces révélations, qu'il fallait pousser plus loin notre enquête, et je demandai à ces messieurs, où il me serait possible d'éprouver les réactifs laissés à Tulle par M. Orfila et d'en faire l'analyse, assisté d'un officier judiciaire.

Voici ce qui m'a été répondu : M. Orfila a laissé entre les mains de M. Bories, pharmacien, tous ses réactifs à l'exception de sa potasse, son zinc et le nitrate de potasse au moyen duquel on a obtenu les taches de la troisième assiette.

Ces réactifs ne valaient que cinquante centimes ; on a positivement refusé de nous en faire cadeau ! Quand l'accusation fulmine contre la défense, on l'écoute : pourquoi fermerait-on la bouche à la défense quand elle signale un vice de forme dans les procédés de l'accusation ?

Eh bien ! je veux et je prétends au nom de la loi qu'on m'écoute ; et la justice m'écoutera si l'arrêt est cassé, et l'opinion publique m'approuvera en tout état de cause.

J'aurai rempli mon devoir, au risque de toutes les tribulations dont on paie un devoir accompli sous nos institutions actuelles. Que m'importe ! mon sommeil à moi ne sera troublé par aucun fantôme chargé de fer ni stigmatisé à toujours par un nitrate de potasse suspect de mensonge.

Voulez-vous que je vous rende toutes nos pensées : supposez que dans l'intérêt de la défense, j'eusse suivi le procédé de M. Orfila ; que traitant la foule des réactifs provenant des pharmaciens du pays, de ce joli mot de foule ignorante qui lui est échappé dans une autre occasion, j'eusse apporté tout exprès de Paris le nitrate de potasse, seul habile à faire trouver du poison là où nul autre réactif n'en aurait décelé un atome, qu'aurait dit monsieur l'avocat général ? Le voici. Nous requérons de la cour que l'expert de la défense dépose, séance tenante, le flacon de nitrate de potasse qu'il a rapporté de Paris, à l'effet de le soumettre au contrôle des experts entendus dans cette enceinte.

Et si j'avais refusé d'obtempérer aux conclusions qu'aurait ajouté l'accusation ?

Elle aurait demandé acte de mon refus et l'insertion au procès-verbal, à l'appel de pouvoir exercer, s'il y avait lieu, des poursuites contre moi, en qualité de suspect de faux témoignages.

Personne ne contestera la justesse de ces suppositions. Rien de semblable n'a été suivi à l'égard de M. Orfila ; et sur cette seule opération qu'on aurait suspectée de ma part, qu'on a acceptée sans observation de la part de M. Orfila, Marie Cappelle a dû être vouée à l'infamie.

Le jury a cru que l'impondérable quantité d'arsenic qu'il étalait sur ces assiettes signifiait nécessairement un empoisonnement par l'arsenic : une quantité que M. Orfila a évaluée a un demi-milligramme, et que j'estime, moi, à moins d'un centième de milligramme. Or si le jury avait pu comprendre d'abord que cette quantité était trop minime pour signifier un empoisonnement, ensuite que cette quantité pouvait provenir du réactif apporté tout exprès de Paris par l'expert de l'accusation elle-même, le jury n'aurait pas pu condamner Marie Cappelle coupable d'empoisonnement par l'arsenic, car toutes les probabilités morales disparaissent devant l'absence du corps du délit.

L'opinion de George Sand

La condamnation de Mme Lafarge passionne l'opinion, mais aussi des écrivains tels que George Sand, qui, le 22 septembre 1840, écrit à son ami Delacroix :

« Que dites-vous du jugement de Mme Lafarge ? triste et indigné j'espère. Jamais affaire n'a été plus mystérieuse, plus confuse, plus mal menée, plus sèchement plaidée, plus salement poursuivie par le ministère public et plus étrangement dénoncée. Oui, elle est coupable, oui elle est sauvée de la mort par les circonstances atténuantes. Quelle atténuation, si elle a empoisonné son gueusard de mari...

« Mais est-ce possible ? Marie Lafarge a-t-elle empoisonné et qu'est-ce que la science en pareil cas ? Dans six mois d'ici Orfila découvrira peut-être qu'il y a de l'arsenic dans le foie, dans le cerveau de tous les cadavres... Enfin, voici une terrible accusation, où tous les accusateurs sont des faussaires, comme Denis, des lâches comme Léautaud, des poissardes comme Mme Lafarge mère, des folles méchantes comme Mlle Brun... Et une accusée qui se montre supérieure en toute chose, fine, bonne, digne, adorée des pauvres gens, inspirant des passions à tous les hommes, subjuguant son auditoire par un mot ou un regard, montrant d'un bout à l'autre du procès une réserve, un tact, un goût, un charme qui s'emparent même des absents. Et, au travers de ces deux camps, il y a un mystère indéchiffrable, autant de preuves d'innocence que de preuves de crime, des soupçons sur tout ce qui n'est pas l'accusée, des motifs pour tous les crimes excepté le sien. Le procès est plus embrouillé à la fin qu'au commencement. On refuse toute enquête morale sur les accusateurs, la moitié de la France est pour eux, l'autre pour elle.

« Il y a donc grand sujet d'hésiter et de s'abstenir d'un jugement, car personne n'aime le vol et le poison et tout le monde se dit : “Je n'y comprends rien, je n'en sais rien. Je ne voudrais pas l'absoudre, mais je ne voudrais pas la condamner.” [...] Pauvre créature si elle est coupable ! Déplorable martyre si elle ne l'est pas ! Nous en sommes tous navrés dans notre coin. Avez-vous été occupé et agité comme nous de cette histoire tragique ? J'ai bien été tentée d'écrire là-dessus une sortie contre les statuts judiciaires, et l'esprit des lois. Cela n'aurait pas été aussi beau ni aussi savant que Montesquieu. Mais cela aurait été plus vrai sur bien des points. »

Le chroniqueur judiciaire du très sérieux journal *La Gazette des tribunaux*, également peu convaincu de la culpabilité de Marie, prend sa défense :

> La destinée de Mme Lafarge n'est pas encore terminée. On parle de la reprise de l'affaire des diamants. On parle aussi d'indiscrétions commises par Denis, indiscrétions qui seraient de nature à jeter un grand jour sur cette ténébreuse affaire. Nous devons attendre les événements. Notre tâche de sténographe judiciaire se termine ainsi ; notre devoir est de respecter la chose jugée.
> Mais en déposant la plume, il me sera permis d'exprimer un désir, celui de voir Marie Cappelle achever de se disculper et sortir victorieuse des épreuves douloureuses que la providence lui a fait subir. Déjà la clémence royale a épargné à la condamnée les angoisses de l'exposition ; nous ne doutons pas qu'elle s'étende plus loin, cette grande prérogative de la couronne, si l'innocence de la veuve de Lafarge était authentiquement prouvée.

Quant au rapport de Raspail, repris par la plupart des journaux, il provoque un grand trouble dans la communauté scientifique, et fait perdre à Orfila un peu de son prestige et de ses certitudes.

À Paris, partout on commente le verdict : dans les salons, dans les cafés, sur les places publiques et jusque dans les théâtres où l'on vient avec son journal sous le bras pour être au courant des dernières nouvelles à propos de Marie. Les lafargistes demandent à qui veut les entendre que le procès soit porté devant l'opinion publique.

Des tracts mettent en cause la valeur des analyses scientifiques d'Orfila, déjà mise à mal par son adversaire Raspail :

> Nous n'avons pas de cadavre à bouillir, pas d'intestin à fouiller pour y découvrir un atome d'arsenic, pas de mort accusateur dans les restes duquel nous poursuivions une sentence terrible contre une femme pâle et tremblante...

À Tulle, Lachaud se met en campagne. Après de laborieuses démarches, il obtient les signatures de dix des jurés ayant siégé dans l'affaire et de treize de leurs collègues qui avaient été récusés ou dont les noms n'étaient pas sortis de l'urne. Le **23 septembre,** il envoie au roi cette supplique :

> Sire,
> La justice a eu son cœur et un verdict de culpabilité a été prononcé contre Marie Fortunée Cappelle.
> À vous seul, Sire, appartient le droit de faire grâce.
> Les jurés de la Corrèze ont cru devoir, avant de se séparer, l'implorer en votre faveur.
> Puisse votre clémence s'arrêter sur elle !

Raspail, quant à lui, toujours déterminé, continue d'écrire :

Le coupable, quel qu'il soit, semble avoir voulu signer son crime avec de l'arsenic, comme on trace sa signature sur le tableau avec de la craie. Il y eut donc deux expertises contradictoires et les onze experts qui ont affirmé l'absence d'arsenic dans le corps de Lafarge ont eu moins d'importance qu'un seul prétendant le contraire. Comment expliquer qu'avec les mêmes matières, le même appareil, on ait pu obtenir d'abord une absence de taches puis une pluie abondante de larges et magnifiques taches arsenicales ? Pourquoi Orfila n'a-t-il pas vérifié la pureté de ses réactifs ? Par conséquent, dans l'affaire Lafarge, la preuve chimique du corps du délit est nulle. Et donc la preuve chimique d'un empoisonnement par l'arsenic manque entièrement aux débats.

Orfila réplique aux propos de Raspail par des insultes et le mépris, mieux, il s'estime diffamé. Il réaffirme qu'il a bien trouvé de l'arsenic dans le corps de Lafarge :

Les objections présentées par Raspail qui sont en opposition avec les faits les mieux avérés, sont, par conséquent, sans valeur. Dans une discussion de questions scientifiques, les personnalités ne sauraient tenir lieu de raison. Il faut, avant tout, ne pas avancer de faits controversés et être au courant de la science sur laquelle on écrit. Nous déclarons pour finir que, quelles que soient les nouvelles attaques de Raspail, nous les laisserons sans réponse.

Pendant que les hommes de science se disputent à Paris, à Tulle, la défense s'organise, et Marie, qui se rétablit doucement, se met à espérer.

Mais la cour délibère et les dix-sept motifs de cassation invoqués par la défense sont rejetés. La condamnation de la cour de Tulle devient définitive.

À son tour, Paillet demande dans une lettre au roi de lui accorder le pardon. La chancellerie repousse l'indulgence et indique que le crime ne mérite aucune pitié. Toutefois, le roi fait grâce de l'exposition publique. Cette attitude bienveillante déplaît beaucoup au procureur général de Limoges qui en fait part dans une lettre au ministère de la Justice. En raison de sa mauvaise santé, on parle aussi de transférer la prisonnière. Très mécontent, il exprime ses craintes au garde des Sceaux :

> Hier, premier de l'an, les visites d'étiquette, de famille ou d'amitié, mettaient en mouvement toute la population. On s'entretenait de tous côtés de la double faveur accordée à une grande coupable. Plus de trois cents personnes, fonctionnaires de tous les rangs, citoyens des classes les plus honorables, reçus dans mon salon, m'ont témoigné un étonnement mêlé de peine. Le peuple, jaloux par-dessus tout de l'égalité des peines, dit assez haut que la famille de Marie Cappelle sollicite son éloignement des maisons de détention de Limoges et de Riom, voisines du théâtre de son crime, pour obtenir plus aisément sa translation dans une maison de santé d'où elle s'évaderait ensuite. Tout le monde sait qu'elle simule quand bon lui semble et de manière à s'y méprendre un état de maladie ; qu'elle vomit, par exemple, à volonté, sans que son estomac n'en souffre. On en conclut qu'avec des jongleries de ce genre, elle persuadera bientôt qu'il y aurait inhumanité à la soumettre au régime sévère de la prison et qu'ainsi les magistrats et les jurés auront a peu près inutilement épuisé leur force et leur temps pour un acte de justice qui sera imparfait. J'ai répondu à ces craintes et à ces manifestations

en expliquant les considérations qui ont pu déterminer l'acte de la clémence royale ainsi que la mesure administrative : mes efforts ont eu peu de succès. Ils seraient encore bien plus infructueux si on apprenait plus tard que Marie Cappelle n'est pas soumise au régime général de l'établissement où elle sera envoyée.

La crédibilité des analyses scientifiques mise en jeu

L'affaire Lafarge, les charges de Raspail contre les prétendues analyses d'Otfila vont vite se déplacer sur le terrain scientifique et les débats enflammer l'Académie des sciences, où les contestations deviennent vives. Pour vider la querelle, l'Académie nomme une commission pour reprendre toute la question et son rapport fera désormais autorité dans tout nouveau procès d'empoisonnement.

Le procédé de Marsh continuera à être appliqué mais la méthode des taches, difficiles à interpréter, est abandonnée.

« L'expert doit remettre entre les mains de la justice, comme pièce à conviction, l'arsenic avec tous ses caractères : aux yeux de la commission, l'appareil de Marsh, considéré comme moyen de produire des taches, est donc sans valeur. Sans doute, en exigeant une quantité pondérable d'arsenic, on est plus exposé à laisser échapper quelques coupables que l'on accusait sur de simples taches ; mais ne vaut-il pas mieux laisser échapper cent coupables que de s'exposer à faire périr un innocent ? »

Et pourtant le procureur général est loin d'ignorer que Marie est très mal. Ne voyant aucune issue à son calvaire, à moitié folle, elle parle de suicide. Ses médecins veillent sur elle en permanence et ne la maintiennent en vie que grâce aux calmants qu'ils lui administrent.

Elle a des maux de tête incessants. Son isolement lui devient insupportable :

> Les murs m'écrasent, chaque jour, chaque nuit, leur espace me resserre... Je sens qu'il faut mourir et j'aime la vie parce que j'aime mes amis... mon agonie est affreuse. Une réalité effrayante se dresse à mon chevet... Il me semble que je suis folle de malheur.

À son avocat, maître Lachaud, le **25 février 1841,** elle écrit :

> J'ai un découragement excessif... Je m'attends à quelques nouveaux désespoirs... Ils étoufferont cette misérable étincelle de vérité, ils obscurciront encore nos ténèbres. Mon Dieu ! Mon Dieu ! Donnez-moi au moins celles de la tombe qui sont un repos froid et éternel ! J'ai souffert, beaucoup souffert, et chaque jour n'est que l'aurore de nouvelles agonies. Qu'ai-je fait pour gagner si fort la mort ?

Elle a maintenant les cheveux gris comme si elle avait vieilli prématurément. Clémentine, qui lui reste fidèle et l'accompagne dans sa détresse, partage toujours sa captivité.

Nouveau duel pour le vol des bijoux

Le duel Lafarge-Léautaud n'était point pour autant terminé. La procédure correctionnelle exigeait une solution. De sursis en sursis, de remise en remise, l'affaire traînait dans des complications judiciaires. Maîtres Paillet et Bac laissèrent à leur confrère, maître Lachaud, le soin d'assister la prisonnière dont il s'était singulièrement épris.

Lorsqu'elle se résolut à comparaître le **4 mai 1841**, maître Lachaud, devenu son principal défenseur, contesta le droit au tribunal à juger cette « mort civile ». Du fait de sa première condamnation elle avait cessé d'exister. Il n'y avait plus ni Mme Lafarge ni Marie Cappelle.

La peine infligée par le tribunal de Brive se confondait avec la peine criminelle prononcée par la cour de Tulle. Corali, survolté, prit la parole et s'adressa à Marie :

> « Moi, je ne vous fais pas de vaines menaces, Marie Cappelle ; je vous réduirai à vos dernières extrémités, je prouverai, entendez-vous, je prouverai qu'au titre d'empoisonneuse, vous joignez celui de voleuse, au titre de voleuse celui de calomniatrice. »

Le tribunal n'accepta pas la thèse de maître Lachaud. Il accorda trois mois à la prévenue pour se trouver des témoins. Marie décida de se pourvoir en cassation, lequel pourvoi fut rejeté.

Marie écrivit à Lachaud :

> Encore un échec ! je n'en suis ni étonnée ni affligée... J'ai rêvé un moment que j'étais libre et que je n'avais

que la voûte du ciel sur la tête, autour de moi que l'espace, les grands arbres et la nature sauvage des Pyrénées.

Le **5 août 1841**, l'affaire arrive à l'audience. Marie n'ayant toujours pas de témoins, maître Lachaud demande un nouveau délai. Dans la salle, cette demande est accueillie par des murmures réprobateurs. L'avocat insiste, déclarant qu'il faut à Mme Lafarge la présence de M. Clavé lui-même.

Le tribunal, impatient de terminer cette comédie judiciaire, juge qu'il passera outre. Marie Lafarge déclare alors qu'elle fera défaut... et elle écrit une lettre publique à Mme de Léautaud :

> Pour la seconde fois, depuis que je suis morte au monde, il m'a fallu renaître et, à l'appel de la justice, venir m'asseoir sur ce banc d'ignominie devant lequel j'avais vu dormir les hommes qui disposaient de mon honneur, de ma vie et qui devaient m'enterrer vivante et martyre à vingt-cinq ans !
> C'était accepter une angoisse horrible... cependant je suis venue, j'ai voulu subir, pour éviter une injustice nouvelle, pour réclamer mon droit ; hélas, j'avais oublié qu'on ne m'avait laissé que celui de souffrir.
> On m'accuse, je ne puis me défendre. On dit que je suis une calomniatrice et une voleuse et l'on ne comprend pas que j'ai besoin de témoins pour prouver mon innocence. Mais s'ils veulent m'immoler à la réputation d'une grande dame, moi, faible femme qui n'ai plus de nom, plus d'avenir, qui n'ai même plus le droit de respirer l'air du ciel sans entrave, je ne faiblirai pas ; je protesterai aujourd'hui, demain, toujours ; je protesterai devant le tribunal de six hommes, mais aussi devant le tribunal du monde et je veux être acquittée par cette grande voix du peuple qui est la

voix de Dieu. Mme Léautaud, vous n'étiez pas là, ce matin, alors que mes regards pouvaient faire incliner devant eux votre conscience et vous êtes là, ce soir alors que vous n'aurez plus à entendre que des paroles de louange pour vous et des paroles d'opprobre pour moi ; mais je ne vous envie pas ! Vous êtes forcée de m'estimer au fond de votre âme et au fond de la mienne, vous me savez le droit de vous mépriser. Croyez-le Marie, je n'ai pas faibli pour vous aimer, je ne faiblirai pas pour vous combattre. Les hommes peuvent m'empêcher de prouver la vérité de ce qu'ils appellent mes calomnies, ils ne peuvent vous donner la force de prouver la fausseté des faits dont je vous accuse.

J'attends mes forces de Dieu ; de Dieu aussi j'attends l'heure de votre remords.

Si Félix Clavé ne vient pas à la barre, comme le souhaitait Mme Lafarge, sa sœur, institutrice à Toulouse, y dépose longuement pour son frère, satisfaisant par là même toutes les curiosités :

« Qui aurait pu deviner les moyens de défense que cette femme devait employer ? Pour moi, je ne comprends pas encore que les avocats aient pu se charger de développer des calomnies aussi évidentes. Je suis fort tranquille pour ma réputation à cet égard. Mlle Cappelle fut l'inventeur d'une intrigue dans laquelle elle faisait déjà pressentir un talent naissant. Quant à cette pauvre Mme de Léautaud, elle y est restée bien longtemps étrangère et lorsque enfin elle s'en est aperçue ç'a été pour me supplier de ne plus m'occuper d'elle et me demander pardon d'avoir été la cause innocente d'un chagrin pour moi.

« Quelle apparence que j'eusse demandé de l'argent pour me taire, si j'avais eu des droits pour réclamer un autre prix ? Tout cela ne peut être cru que par ceux qui ne me connaissent pas et ne savent pas le mépris que je fais des richesses. »

Convaincue de vol et de calomnie, Marie Cappelle voit sa condamnation confirmée par le tribunal de Tulle. Elle est reconnue coupable du vol des diamants, mais on ne prononce pas de condamnation car il n'est pas possible d'appliquer une nouvelle peine à Marie Cappelle.

Marie, qui trouve l'acharnement excessif, fait remarquer au président du tribunal :

« Vous l'avez dit, et je vous remercie de l'avoir compris ; oui, j'ai une ambition immense, insatiable. Vous demandez quel sera le bras assez puissant pour me retirer de l'abîme ; ce sera le bras de Dieu, monsieur ! avec des caractères de boue et de sang. Je veux m'élever assez haut pour arriver innocente à la postérité. »

Elle s'en prend également à Félix Clavé dans une lettre qu'elle fait communiquer à la presse :

Félix Clavé vous êtes un lâche. Je vous le crie du fond de ma prison, et je demande au monde, à la presse, à vos remords de porter ma voix jusqu'au fond des déserts où vous vous cachez. Qu'attendez-vous pour venir venger votre honneur et celui que vous avez perdu ?
Vous avez franchi des mers pour refaire votre fortune. Ne pouvez-vous pas les franchir pour refaire votre réputation ? Il fallait un mot, un seul, et vous n'êtes pas venu ; et ne pouvant me jeter une dénégation, vous m'avez jeté une calomnie et vous avez dit que j'étais une infâme. Oh ! venez, Monsieur, je vous

attends et s'il le fallait, je vendrais jusqu'à l'alliance de ma mère pour fournir les moyens de parvenir jusqu'ici.

Tout au long du procès, où les deux avocats de la partie civile ont pu plaider trois heures chacun, Marie, qui est absente, puisqu'elle a refusé de comparaître, est calomniée, traînée dans la boue, mise au rang des sanguinaires.

À une amie, elle écrira :

> À vingt-quatre ans, ils ont fait de moi une paria, je suis une humiliation pour ma famille, une douleur pour mes amis... L'homme qui oserait m'aimer et appuyer ma vie sur la sienne serait rejeté dans la société infâme ; l'enfant qui m'appellerait sa mère serait maudit par les hommes. Oh ! comprenez donc que j'aime la mort et que je veuille mourir.

Le procès se termine par des injures violentes échangées entre Lachaud et Corali, si bien que le président est obligé d'interrompre les débats à plusieurs reprises.

Après ce dernier procès, la santé de Marie va encore se détériorer. Ses amis, qui l'avaient soulagée, aidée, accompagnée doivent partir.

Elle se retrouve seule, découragée :

> Les souffrances, les déceptions, les larmes, s'emparent d'une grande partie de ma vie, écrit-elle ; j'ai voué au travail, à la grande œuvre de ma réputation, mes quelques moments de calme et de repos... j'avais prévu une nouvelle injustice, une nouvelle condamnation, mais le cœur ne se résigne jamais à une semblable agonie et j'ai encore plus souffert que je ne pourrais

l'exprimer. La douleur qui vous frappe par une main indifférente est insupportable, celle qui vous est apportée par une main amie vous laisse sans force, sans énergie.

Raspail, homme de cœur, défenseur de la veuve et de l'orphelin, attristé par le drame de Marie, continue à sensibiliser la presse, l'opinion publique :

La vie de Marie ne fut qu'une série de souffrances qui s'étend de la robe noire de l'orpheline à la robe noire de la veuve pour finir au fond de la prison. Marie Cappelle est une victime de notre société mal faite. Forcée au mariage par sa famille, par son âge, par sa position dans le monde, elle n'y a trouvé que deuil et désolation. Son mari l'aimait, dit-on : bel amour, en effet, que ce cadavre qui sort de terre, après sa mort, pour attirer sa femme dans ses bras en lambeaux et rongés de vers au fond de son cercueil.

Marie, au fond de sa cellule, sans espoir, veut communiquer sa détresse à ceux qui l'aiment et la soutiennent dans son malheur :

Je m'étais réfugiée dans la vie du cœur et dans l'espoir d'une réhabilitation. Chaque jour je me sens mourir pour mes amis, pour l'espérance. C'est un grand et insupportable supplice.

Les *Mémoires* de Marie

Malgré ses maux de tête et le mal qui la ronge, elle décide d'écrire l'histoire de sa vie : son enfance, son adolescence, son mariage, sa vie au Glandier, les accusations dont elle a été victime. D'une plume, elle étale sa vie, ses joies, ses souffrances et ne cesse de répéter qu'elle est innocente du crime dont on l'accuse.

En préambule, elle s'adresse tout d'abord à ceux qui auront le soin de lire ce livre :

> Je ne vous dédie pas un livre, je vous confie toutes mes actions, toutes mes pensées... Adoptée par vos cœurs, je ne veux pas vous rester étrangère, inconnue : j'ai besoin de vous dire mes fautes pour que vous me les pardonniez, mon innocence pour que vous me la protégiez, mes douleurs pour que vous m'aimiez davantage, pour que vous m'aimiez toujours...

Malgré les difficultés et les risques encourus, les Éditions René publient son manuscrit. Le livre sort en **octobre 1841.** C'est un grand succès, mais aussi un scandale pour les antilafargistes. Pour faire taire le tapage fait autour de ce livre, l'éditeur s'explique :

> Loin de rougir de notre conduite, loin de demander pour ainsi dire pardon au public et à vos amis de notre participation à la propagande des *Mémoires* de Marie, nous sommes très fiers d'avoir contribué à une œuvre dont nous n'approuvons pas également toutes les parties, mais dont le but est sacré.

Il ajoutera même une préface pour faire taire les opposants à la parution de ce livre. Reflet d'une vie romantique, révoltée et tumultueuse, les critiques comparent son écriture à celle de George Sand. Dans les journaux, la polémique bat son plein. On analyse son récit page après page, on cherche ce qui n'a pas été dit, on cherche à percer le secret de Marie. On consulte les écrivains de l'époque pour qu'ils donnent leur opinion sur sa culpabilité ou son innocence. George Sand est toujours convaincue de son innocence. Musset croit plutôt à sa culpabilité. Jules Janin, autre littérateur et critique, s'indigne, en revanche, qu'il y ait en France un éditeur pour oser publier sa prose. Il l'injurie, la traite de criminelle. N'oublions pas que le père de Janin était un légiste, savant praticien et habile avocat, ce qui peut expliquer l'attitude du fils.

Marie, mise au courant de cet article très défavorable à ses *Mémoires*, en fut très affectée. Elle écrivit alors au jeune avocat Babaud Laribière :

> Ce matin j'ai lu un article affreux contre mes *Mémoires*. Un doute cruel torture ma pensée. Aussi, ai-je eu le tort d'écrire ? Ce qui devait amener une réhabilitation amènera-t-il ma perte ? Mes amis se sont trompés peut-être ? Après tant de douleurs, me serais-je donné par ma volonté, peut-être par un orgueil né de mon malheur, de nouvelles tortures, de nouveaux opprobres ?

Marie à Montpellier

Au mois de **novembre 1841,** Marie apprend qu'elle va quitter la prison de Tulle pour être transférée à Montpellier.

Sans perdre une minute, maître Lachaud va voir le préfet et obtient qu'elle ne soit pas enfermée dans une voiture cellulaire. Le préfet a pris en considération le rapport des docteurs Ségérol et Ventéjou qui n'ont cessé de veiller un seul jour sur sa pauvre santé et n'ont pas hésité à certifier que ce mode de transfert pouvait la tuer. « Ces bons docteurs et savants amis », comme elle aime à les appeler, par leurs soins attentifs, ont pu lui faire supporter le long martyre des débats, et leur affectueuse sollicitude l'a non seulement rachetée d'une mort terrible, mais sauvée du néant de la folie et de la fièvre du désespoir.

À Tulle, elle avait occupé la cellule d'un paysan de Saint-Flour qui, soixante ans auparavant, était sorti de cette chambre pour monter sur l'échafaud, en expiation d'un crime qu'il n'avait pas commis. Son beau-père était le coupable, et quand on l'apprit sur terre la victime était au ciel.

Elle demanda un crayon et écrivit son nom sous celui du pauvre martyr :

> « Pourquoi signer votre passage ici, madame, dit le gardien d'un ton de reproche, craignez-vous que l'on ne vous oublie ?
> – Non ! Non ! mon beau monsieur, mais si un autre prisonnier plus malheureux que coupable vient habiter cette cellule après moi, sa solitude s'animera des souvenirs que je lui lègue et vous lui raconterez mon histoire comme vous m'avez raconté celle du pauvre André. »

Clé, la femme de chambre dévouée

Sa femme de chambre ne la quitte pas, sa fidèle Clémentine, qu'elle appelle Clé, à qui elle avait promis qu'elle la prendrait pour femme de chambre aussitôt mariée. Elle était donc venue la rejoindre au Glandier. Clémentine avait été plus qu'une femme de chambre pour son cœur. Nièce de la nourrice qui avait bercé sa mère, presque du même âge, enfants, elles roulaient ensemble sur le gazon, fillettes, elles jouaient aux mêmes jeux.

Le parfait dévouement de Clémentine avait traversé toutes les épreuves. Lorsque la justice contraignit Marie à quitter le Glandier pour l'écrouer dans la prison de Brive, Clémentine la suivit, ne demandant rien d'autre que de rester prisonnière avec elle.

Après sa condamnation, son dévouement s'exalta encore, et cette jeune fille naguère étourdie et rieuse la soigna avec une tendresse sans bornes, souffrant et pleurant avec elle.

Soumise comme elle à la rigueur du règlement carcéral, Clémentine ne se plaignait jamais. L'adorable femme de chambre avait même à son insu fait écrire au ministre pour obtenir l'autorisation de s'enfermer avec elle dans la prison centrale où elle serait transférée.

Sa prière fut rejetée.

Déçue de son sublime espoir d'abnégation et de dévouement, elle n'abandonna sa première idée que pour former le projet de se fixer à Montpellier afin de venir passer le dimanche avec elle sous les verrous.

Mais Marie refusa cette nouvelle preuve d'attachement et lui demanda de retourner dans son pays auprès de sa famille :

> Bien que mon cœur s'était fait complice de son cœur, ses rêves étaient devenus mes rêves, je décidai de ne pas accepter son sacrifice et je me disais demain à pareille heure je serai seule à souffrir ! Les jours succéderont aux jours, les années aux années et je serai seule encore ! seule en face de la vie... en face de la mort.

Le 8 novembre 1841, de bonne heure sous une pluie fine et froide, Marie, accompagnée de Clémentine, qui a tenu à faire ce dernier voyage, et des deux médecins Ségérol et Ventéjou, quitte la prison de Tulle. Tout le monde est triste. La voiture traverse la ville, les faubourgs, où des ouvriers et des ménagères avertis de son passage sont venus pour la saluer. On l'applaudit, on lui jette des fleurs. Marie est heureuse de cette délicatesse. Le voyage sera long ; on traverse Argentat, où la foule lui paraît hostile. À l'aube, on arrive à Saint-Flour, puis c'est Rodez. Ils empruntent les chemins secondaires. Ils s'arrêtent dans des endroits isolés. Marie redécouvre la campagne :

> Il y avait près de deux ans que je n'avais pas regardé la campagne sans la voir rayée de noir par les grilles de ma prison... Mon Dieu ! Retenez dans mon cœur les larmes qui voileraient mes yeux !... Je veux contempler encore la beauté de vos œuvres. Je veux en prendre l'empreinte, pour l'emporter pieusement sous mes verrous... Avant de tout quitter, je voudrais tout revoir, tout comprendre, tout adorer... Tout embrasser, hélas ! Pour la dernière fois !

Près de Millau, Marie demande au brigadier la permission de descendre pour se dégourdir les jambes. Elle marche un peu et s'éloigne. Clémentine la rejoint, se déshabille, lui donne ses habits et lui demande de s'enfuir. Mais Marie refuse car elle sait qu'un jour on l'innocentera. On s'arrête à Saint-Paul, l'un des derniers relais avant Montpellier, et c'est l'arrivée aux portes de la prison :

> La voiture après avoir suivi un long boulevard, a longé un enclos ceint de murs et bosselé de tertres gazonnés, plantés la plupart de petites croix déracinées ou boiteuses. C'est le cimetière des pauvres !

Quelques pas plus loin se dressait avec sa ceinture de fer, le donjon où j'allais mourir !... C'est le cimetière des vivants.

Après trois jours et trois nuits de voyage, la voiture pénètre dans l'enceinte de la prison. Marie, en voyant les hauts murs gris qui se dressent devant elle, est prise d'une crise d'angoisse. Ses yeux vides de larmes, son cœur vide d'espoir, elle soupire :

Après l'adieu à la vie, l'adieu à l'espérance. Après le deuil de la liberté, le deuil de l'honneur. Je croyais avoir souffert, et voilà que l'avenir se dresse devant moi, mille fois plus cruel que le présent, mille fois plus menaçant que le passé, pitié ! Mon Dieu pitié !
– Par pitié, Madame, ne vous désespérez pas ainsi, reprit Clémentine tout en larmes. Vous le voyez bien, je suis encore là pour vous servir... et toujours là pour vous aimer.
– Mais comment ne pas désespérer !... Mais écoutez-les donc épeler là-bas la minute de mon jugement devenue mon acte mortuaire. Écoutez-les répéter vingt fois les mots cruels qui vont sceller ma tombe ! Écoutez-les lire et relire la sentence qui me voue au néant ! Perpétuité ! Perpétuité ! c'est-à-dire douleur sans bornes, nuit sans étoiles, ténèbres sans matin. Perpétuité ! c'est-à-dire solitude sans paix, exil sans terme, agonie sans mort.

En entendant ces mots, Clémentine se cache la tête dans ses genoux et sanglote.

À ce moment une religieuse apparaît et, sans regarder la prisonnière, dit au gardien-chef :

« Monsieur le directeur m'a chargée de venir prendre Madame. »

Marie et Clémentine se lèvent :

« Monsieur le major, reprend la sœur, vous voudrez bien dire à cette dame que j'ai l'ordre de ne laisser rentrer personne dans l'intérieur de la prison avec Mme Lafarge.
– Ah ! ma bonne sœur, dit Clémentine, d'un ton suppliant, laissez-moi entrer une heure pour déshabiller Madame et la coucher. Voyez, elle tremble de fièvre. De grâce, ma sœur, laissez-moi la soigner une dernière fois. Je sais moi ce qu'il lui faut... Je suis Clémentine, et je ne l'ai pas quittée pendant tous ses malheurs. »

Sans répondre, la sœur regarde le major, qui a son tour regarde le gendarme.

Quelques instants plus tard, la religieuse, voyant la pauvre Clémentine distraite par les gendarmes, fait un signe à Marie, qui la suit sans prononcer une parole, sans détourner la tête ni verser une larme. Elles traversent un réfectoire et montent un escalier obscur en colimaçon à l'intérieur d'une tour. Arrivées au second étage, elles s'arrêtent. La porte d'une petite chambre blanchie à la chaux est ouverte. Elle y entre. C'est sa cellule.

Après son départ, Marie ferme les volets intérieurs de la fenêtre et revient s'asseoir au pied de son lit :

Mes yeux regardaient sans voir, j'étais sans force pour sentir, sans force pour penser et pleurer... J'apprenais à souffrir seule. Dans ma chambre, couchée sur un petit lit de fer, pauvrement recouvert d'une pointe d'étoupe et de draps de grosse toile, le froid m'avait saisie et je n'avais plus ici que deux compagnes : la douleur aujourd'hui, demain la mort.

Marie aura la force de continuer à vivre grâce à ses amis, qui ne l'abandonneront pas. Clémentine, passant outre les recommandations de Marie, s'établira comme couturière à Montpellier pour lui rendre visite.

Sa famille l'aidera, la soutiendra et continuera le combat pour sa réhabilitation. Elle retrouvera dans la ville son grand-oncle maternel, l'oncle Collard, âgé de soixante-quatre ans. Il est directeur de l'hôpital de Montpellier.

Les autorités judiciaires ignoraient qu'elle avait ici des parents. Il aimera sa nièce comme sa propre fille, Adèle, qui viendra rendre régulièrement visite à sa cousine prisonnière. Mais il faudra des instructions pour régler les conditions de visites, et quinze jours s'écouleront avant que ces conditions soient connues. Elles sont sévères. La captive ne pourra voir ses parents qu'une fois par semaine, une heure seulement et en présence d'une religieuse de la maison.

La première rencontre de cet oncle qu'elle ne connaît pas et qu'elle voit pour la première fois est pour tous les deux un grand moment d'émotion :

> J'ai vu mon oncle ! Je lui ai tendu la main. Nous nous sommes reconnus et embrassés en pleurant. C'est bien le frère de mon grand-père.
> Quel moment ! J'aurais voulu renfermer dans un seul mot tout ce qui tressaillait pour lui dans ma conscience et dans mon cœur, mais j'étais trop émue. Les sanglots m'étouffaient et je ne pouvais que répéter sans cesse : « Mon oncle, mon oncle, aimez-moi, aimez-moi » ; lui aussi attendri quoique plus fort me serrait les mains, m'encourageait du regard et d'une voix pleine de caresse et de larmes disait doucement : « Ma pauvre fille, vous êtes innocente, je le sens, confiez-vous à Dieu : Il vous a donné un nom. Nous

saurons vous consoler, nous saurons vous aimer. » Le règlement nous avait accordé vingt minutes. Qu'elles ont été courtes ces minutes bénies ! Mais qu'elles m'ont fait du bien. Après le départ de mon oncle, j'ai pu pleurer enfin toutes les larmes amassées dans mon cœur. Cette explosion de douleur m'a rendu un peu de calme et je me suis endormie d'un sommeil profond.

Le dévouement de l'oncle Collard se révélera sans limites pour cette nièce qui allait devenir sa seconde fille. Peu après leur rencontre il n'hésitera pas à envoyer au roi cette requête :

Ma voix est humble et j'hésiterais à l'élever jusqu'aux marches du trône, si je ne savais avec quelle bonté Votre Majesté daigne accueillir toute prière en faveur des faibles et des opprimés. Seul frère survivant de l'aïeul maternel de Marie Cappelle je tombe aux pieds de Votre Majesté, Sire. Pitié pour elle ! pitié pour moi, pitié pour notre humble famille ! pitié pour tant de tombes dont je suis le seul écho... c'est un vieillard qui se jette à vos pieds. Ayez pitié de ma nièce. Si vous ne voulez pas être son juge, soyez son libérateur

.

L'enfermement pèse à Marie, elle le supporte de moins en moins bien. Elle passe des journées entières dans son lit, en proie à des spasmes nerveux... Dans sa grande solitude, elle pense à sa famille, à son oncle, qui désormais lui manque :

Écoutez-moi mon oncle et croyez-le ce n'est pas devant la douleur que je recule.
De mon lit à ma cheminée, il y a seize de mes pas, de la porte à la fenêtre il y en a neuf. Je les ai comptés. Du dimanche où vous venez au dimanche où vous

reviendrez, il y aura six jours de souffrance solitaire pour une heure de souffrance partagée.

Les règles strictes de la prison, l'isolement dans une étroite cellule la désespèrent, et la présence inquiète et soupçonneuse de ceux-là seuls qui peuvent l'approcher lui est plus insupportable que son isolement.

Elle supplie :

> Mon bon oncle, je vous en supplie, intervenez auprès du directeur pour qu'il m'épargne les tortures inutiles et les coups d'épingle anodins, les grandes pauvretés et les petites misères qui semblent être ici la trame même de la vie des captifs. J'ai tant à souffrir dans l'avenir, obtenez qu'on ménage mes forces. Hélas ! je n'aurais pas trop de tout mon courage pour subir toutes mes douleurs. Adieu mon oncle, écrivez-moi et ce sera fortifier mon âme. Aimez-moi, ce sera faire vivre mon cœur.

Elle passe par des phases d'abattement :

> Il fait froid et quoiqu'on allume un peu de feu dans ma chambre, mon mantelet de lit est insuffisant à me couvrir. Il faut que je reste couchée tout le jour. C'est bien long dix heures inoccupée et solitaire ! Je veux m'essayer à vivre, quand tout repose et sommeille, la nuit est le domaine des morts, une langueur excessive s'est emparée de moi. Je la bénirais, si c'était le repos ; mais ce n'est que le cauchemar de ma vie, ce n'est que le rêve de ma douleur.

Succèdent des moments où elle reprend espoir, répond aux lettres de ses admirateurs, décide de lutter contre l'inactivité :

> Mon instruction, comme celle de la plupart des femmes, n'était guère qu'un savoir de parade, j'ai décidé de consacrer tout mon temps à l'étude. L'après-midi, je m'occuperai de quelque bel ouvrage de tapisserie bien minutieux, bien difficile, qui fixera sur le canevas ma main, mes yeux et, je l'espère, ma pensée... Le soir venu, je lirai pour le plaisir de lire quelques brochures nouvelles ou quelques beaux livres. Puis, j'attirerai à moi le souvenir de mes amis et je reprendrai espoir.

Elle demande à lire des livres d'histoire, l'*Histoire de la civilisation de l'Europe,* de Guizot, les œuvres de lord Byron. Elle se plaint du choix des lectures qu'on veut lui imposer, de cette séquestration de la pensée, de cet isolement de tout ce qui pourrait la fortifier ou la grandir :

> Le directeur qui devait s'entendre avec l'autorité supérieure pour mes lectures m'a rapporté de la préfecture un petit index à mon usage : pas une œuvre sérieuse, pas un nom connu... Des compilations ou des abrégés, des mélanges de morales et des manuels d'esprit, et elle ajoute, Fénelon corrigé de son *Télémaque,* Pascal châtié de ses *Provinciales,* Chateaubriand épuré *d'Atala* et de *René.*

Depuis que l'index lui a été signifié, elle n'a plus demandé de livre. Elle préfère faire revivre dans sa mémoire les grands esprits de la littérature :

> Pascal ! le croyant intrépide, le penseur tourmenté, l'arpenteur sublime du doute et de la foi. Bossuet : le chroniqueur inspiré des secrets de Dieu, le fier harangueur des morts, qui ne flattait les Rois qu'en face des mausolées. Fénelon : cœur sublime, esprit doux et brillant, âme d'apôtre et de saint. Mme de Sévigné :

> la charmante, la délicieuse avec tout l'esprit de ses vertus, tout le talent de ses grâces et l'inépuisable génie de son amour de mère. Racine : le Raphaël divin des royales amours, le poète enchanteur dont chaque vers est une note. Montaigne : le grondeur charmant, le philosophe frondeur, le moraliste profond, à la raison si ferme.

... Présentation qui n'aurait pas déplu aux critiques littéraires. Sa vie de recluse oscille désormais entre le désespoir et des observations :

> Cette nuit comme je pleurais, la lune s'est glissée dans ma cellule. Un de ses rayons s'est posé sur le médaillon du portrait de mon père et le sérieux visage, le visage béni, s'est animé d'un sourire pâle et doux.

Elle pense à ses amis qui l'ont défendue et qui sont retournés en province ou à Paris :

> Les amis qui s'étaient partagé mon infortune reprennent sans moi le chemin de la vie. Les uns pour se distraire du souvenir, ont les labeurs incessants de l'étude, les préoccupations fiévreuses de l'ambition, une carrière à suivre, un but à atteindre. Les autres pour se consoler de l'absence ont les sollicitudes absorbantes de la famille, ses devoirs et ses joies.

Les jours de visites de ses parents sont autant de bonheur :

> Ah ! jamais je n'oublierai les douces caresses d'Adèle, prenant possession de mon malheur avec la grâce timide d'une jeune fille qui rougit de laisser surprendre les trésors de tendresse renfermés dans son

> cœur !... Mon sang bat dans d'autres cœurs que mon cœur, mes larmes dans d'autres yeux que mes yeux ; mon innocence vit dans d'autres consciences que la mienne. J'ai une famille ! et, pour qu'elle me soit plus chère, ô mon aïeul aimé ! elle porte ton nom, et tu me l'as donnée, comme tu m'as tout donné !

Adèle, que Marie appelait sa sœur, n'avait l'autorisation de voir la prisonnière qu'une seule fois par semaine. Mais elle se rendait chaque matin au parloir pour se renseigner sur l'état de santé de sa cousine et lui apportait tantôt une brochure, tantôt une fleur. Marie était bouleversée par la sollicitude d'Adèle à son égard, et son père, M. Collard, n'était pas moins ému du dévouement de sa fille. Voici ce qu'il en dit :

> La seule fille que Dieu m'avait laissée résolut sans nous le dire de ne plus se séparer de sa cousine et de partager sa captivité. Jeunesse, liberté, amitiés de l'enfance, joie pure de la vie, projet d'avenir, elle abdiqua tout. Et ce ne fut pas chez elle un vertige de l'imagination, un éblouissement du cœur, j'ai du bonheur à dire qu'elle fut toujours fidèle autant que l'autorité le permettait à ce pieux dévouement dont elle ne comprenait pas qu'on pût s'étonner. Je ne dis pas cela pour honorer ma fille, Dieu connaît ma pensée.

Bientôt, la fièvre, une fièvre intense se déclara.

Devant son état alarmant, le médecin de la prison, le docteur Pourchc, qui la visitait, fit une démarche auprès des autorités pénitentiaires.

La décision ministérielle arriva, décevante et impitoyable : les visites n'étaient autorisées que surveillées et ne devaient pas dépasser une heure par semaine et seulement le dimanche. Les meubles superflus furent retirés de la cellule et on l'obligea à endosser la robe des condamnés.

L'oncle Collard se chargea de lui annoncer cette nouvelle épreuve. Elle se révolta :

Le règlement c'est ici la formule de tous les refus, et l'excuse de toutes les rigueurs. C'est ce qui fait baisser tous les yeux et fermer toutes les bouches. C'est ce qui masque d'hypocrisie tous les fronts et habille de gris tous les corps. Le règlement enfin, c'est ce qui arme l'arbitraire et paralyse la miséricorde : c'est le quasi-texte d'une quasi-loi ; c'est la lettre qui opprime et qui tue...

Indignée, elle écrivit à son oncle :

Ma tête est en feu... J'accepterai de la loi les rigueurs qui pourront me tuer plus vite. Je n'en accepterai pas les humiliations qui n'ont qu'un but : me dégrader et m'avilir... Porter les insignes du crime, sentir se débattre ma conscience sous cette fatale robe de Nessus, qui ne s'attache pas au corps seulement... qui brûle et tache l'âme ! Jamais !
Je vous entends me dire que c'est l'humilité qui fait les martyrs et les saints. L'humilité, mon oncle, je la comprends dans les héros ; je l'adore dans le Christ, mais je ne donne pas ce nom à l'asservissement de la volonté, à la violence, au sacrifice forcé, au renoncement de la peur. L'humilité ! c'est la vertu du calvaire. C'est l'amour des abaissements. C'est le miracle de la foi... Je m'honorerais d'être vraiment humble, mais je rougirais de le paraître si je ne l'étais qu'à demi... À cette heure, je ne suis pas assez forte pour m'élever si haut. J'ai des défauts, des préjugés, des faiblesses... J'ai la vanité de l'honneur humain.
Au titre d'innocente, je ne dois pas porter le vêtement

infâme dont on a voulu me salir. Au titre de chrétienne, je ne suis pas digne encore de le revêtir.

Une jeune sœur novice sensible à sa détresse lui proposa de revêtir ses habits de religieuse et de s'évader. Marie refuse en lui faisant comprendre que la fuite équivaudrait à une deuxième condamnation :

> Si les pierres de mon cachot sont lourdes, plus lourdes que les calomnies qui ont dicté l'arrêt que je subis, libre, retrouverai-je l'honneur en retrouvant la vie ? Non, l'honneur pour moi c'est la constance de souffrir, il fait que chaque heure de mon martyre plaide pour mes heures passées. Dieu recueillera mes larmes. Les hommes eux-mêmes me tiendront compte de ma jeunesse perdue sur une plainte, de mes douleurs endurées sur un murmure. Ma conscience fera taire mon désespoir. Rien ne peut effacer, je le sais, la sentence qui me frappe, mais dois-je me laisser oublier ? Si je n'ai pu parer les coups de cette nouvelle lance d'Achille, j'en userai à mon tour et ma plume se retrempera dans mes fers. Fuir, c'est reculer devant la justice des hommes ! Je perds ma jeunesse si je reste... Je perds l'honneur si je m'enfuis... l'honneur !
> Mon père, n'hésitait pas, lui, quand aux champs de Waterloo il refusait de se rendre, pour tomber mourant au milieu de ses frères morts !...
> Que le devoir du père soit le devoir de l'enfant !... Je resterai.

Avec l'hiver, le froid aggrava sa santé d'autant plus que Marie, qui avait refusé de revêtir la robe des condamnés, s'était vue également privée de couvrir d'un lainage ses frêles épaules :

Et l'on prétend que la torture est abolie ! Non... Seulement de brutale elle est devenue philanthrope : chaque jour maintenant, j'ai un accès de fièvre assez fort. Tant mieux, la fièvre assoupit, et, si ce sommeil n'est pas celui qui repose, c'est du moins celui qui fait rêver.

Le **1er janvier 1842**, elle pense à ses amis qui fêtent la nouvelle année :

Oh ! mes amis ! vous fêtez la jeune année qui vient de naître et moi je pleure la vieille année qui n'est plus.

Ce jour-là, le docteur Pourche vient lui rendre visite :

« Merci, docteur, vous êtes mes étrennes », lui dit-elle, très abattue.

Marie, qui n'avait pas osé se plaindre au docteur, en profite pour l'interroger :

« Je voudrais savoir de quel nom la science baptise mes souffrances. N'est-ce pas tout à la fois une fièvre nerveuse et une nostalgie, le mal du pays pour l'exilé, le mal du soleil pour le captif ? Comment pourrai-je guérir de mon ennui, moi qui porte le deuil de ma vie, qui ai perdu l'honneur et qui pleure ? Je marche à l'agonie. »

Le docteur finit par deviner la vérité de son état. Il lui fit revêtir une robe sous ses vêtements, robe qu'elle ne devait jamais quitter pour ne pas attirer le soupçon de l'administration pénitentiaire.

À la vue de ses souffrances, de son désespoir, le docteur Pourche fit part de ses inquiétudes au préfet, M. Roulleau du Gage, qui lui rendit visite et auquel elle se plaignit :

« On veut que je vive, et on me dénie le droit d'apprendre et de m'instruire ! On veut que je vive, et on me refuse un peu d'air, d'espace et de soleil !... On ne veut pas comprendre que ce niveau brutalement légal sous lequel on m'écrase n'est qu'une inégalité cruelle qui décuple ma peine ! »

Le préfet, qui lui était plutôt favorable, l'interrompit :

« Si vous êtes coupable, il est à désirer que le remords vous tue... Si vous êtes innocente...
– Je le suis, monsieur.
– Alors vous avez un grand devoir à remplir, vous devez trouver dans votre conscience le courage et la volonté de vivre. C'est avec du courage, madame, que les causes perdues se regagnent. En vous donnant ce conseil, pauvre femme ! je ne parle pas en préfet, je parle en ami. Soyez forte et n'oubliez pas que de douter de l'avenir c'est faire douter de vous.
– Quand j'étais forte, que j'avais du courage [rappelant son procès] et que je n'osais lutter contre les calomnies, il disait, le monde, que j'étais une impudente, une hypocrite, une femme sans cœur. Aujourd'hui que mes souffrances crient, qu'il les entend et qu'il les voit saigner, il accuse ma faiblesse et raille mes pleurs. J'ai cru à la justice, j'ai cru même à la pitié... Maintenant je n'y crois plus. Mais, monsieur, si vous saviez le courage que j'endure. »

Le préfet se leva brusquement :

> « Retenez-le bien ; retrouvez la volonté de vivre, et je retrouverai le pouvoir de vous rendre la vie supportable et la résignation facile. Comptez sur moi, madame. »

Elle s'évanouit devant le préfet, qui l'aida à se replacer sur son lit.

Très ému, le préfet nomma deux professeurs de l'école de médecine de Montpellier pour examiner son état et lui donner leur avis. Voici le portrait qu'elle fit de ses deux médecins venus la voir :

> Le plus jeune des deux professeurs avait le front ouvert et intelligent, la physionomie franche et décidée, le regard lucide mais réservé. Je le jugeai homme de cabinet et de salon. L'autre à peine assis s'appuya le menton sur la pomme de sa canne et me posa quelques questions insignifiantes.

La bienveillance du préfet lui redonnait du courage. Malgré sa maladie, elle demanda et obtint à l'infirmerie des invalides de la prison de visiter les prisonniers les plus malades, les plus souffrants et les plus désespérés. C'est là qu'elle apprit la fin tragique de cette mère de cinq enfants :

> Elle était venue là pour avoir volé, je crois, quelques sacs de pommes de terre. Elle allait sortir dans moins de deux mois mais l'impatience lui a brûlé le sang. Ses enfants ne pourront même pas reconnaître sa tombe puisque la prison n'en a pas. Lorsqu'une femme meurt en prison, on la porte à l'église et ensuite on va la déposer dans un petit cachot réservé à cet usage,

derrière le chemin de ronde... Puis le soir on met le cadavre dans un sac, et on l'emporte à l'amphithéâtre de l'école de médecine où les étudiants le dissèquent. Ces prisonnières sont vendues à l'école de médecine. Seule dans cette prison, je me suis sentie froid à l'âme... Tout, tout... jusqu'à la mort est donc horrible ici.

Elle écrivit à son oncle et à sa tante pour leur exprimer toute sa gratitude de l'avoir accueillie :

Chère et noble famille, que ne vous dois-je pas ?
Lorsque tout m'abandonne, vous êtes venus près de moi ; vous avez lu dans ma conscience et vous avez bravé la contagion du malheur... Hautement vous m'avez adoptée au monde de l'opprobre et de l'humiliation... Puis-je assez vous bénir ? Puis-je assez vous aimer ?
L'orage est sur ma tête et l'horizon est si sombre qu'il serait plus facile de voir ma tombe sur terre qu'un rayon d'espoir dans le ciel.

À sa cousine Adèle, qu'elle appelait sa sœur :

Ma douce, ma bonne petite sœur, je vous adopte de toute mon âme ! je n'aurai à partager avec vous que des larmes ; mais je saurai retrouver le sourire pour prendre la moitié de vos joies. Pour moi, il n'y a plus de bonheur et d'espoir dans ce monde ; mais je saurai toujours comprendre le bonheur de ceux que j'aime et mes larmes pourront se sécher à cette participation.
Ma bonne sœur, je serre vos mains dans les miennes.
Je vous embrasse.

Quant aux deux médecins qui examinèrent Marie, ils conclurent que Marie était dans un état physique tout à fait satisfaisant. Ce qui n'était nullement le cas, puisqu'elle était toujours en proie à des crampes qui agitaient tous ses membres, à des hallucinations, à de violents maux de tête qui, selon le docteur Pourche, pouvaient la conduire à la folie.

Maître Lachaud, que le souvenir de Marie n'avait pas quitté, était lui aussi venu à Montpellier. Son dévouement envers elle était total : chaque jour, pendant la durée de son séjour, il se rendit à la prison tant il redoutait la secousse morale qui pouvait la tuer ou la rendre folle.

Il pensa même s'inscrire au barreau de Montpellier et s'en confia à sa protégée :

> « Madame, lui dit-il d'une voix émue, si le ministre m'autorise à vous joindre une ou deux fois par semaine aux visites de votre famille, je me fais inscrire sur le tableau des avocats de Montpellier, et, tant que vous resterez ici prisonnière, j'y resterai.
> – J'accepte, monsieur, j'accepte avec une indicible reconnaissance, le dévouement de votre cœur, mais le sacrifice que vous voulez me faire, je dois le refuser et je le refuse.
> – Ce que vous dites, madame, n'est pas sérieux ?
> – Sérieux comme le devoir, vous retournerez à Paris, monsieur, vous ne partirez pas dans quinze jours, non pas dans huit..., vous partirez demain... Je vous le demande, je vous en prie et j'ose dire, je le veux. Partez ! Si votre devoir est de vivre, le mien est d'apprendre à mourir. Laissez-moi maintenant vous tendre la main et retenez mon dernier adieu... »

Nous sommes **au début de 1842** et l'état de Mme Lafarge s'aggrave brusquement ; elle a des hallucinations :

Quelle nuit ! ma raison délire, ma conscience affolée se renie presque elle-même... J'ai eu la fièvre, le délire... J'ai horriblement souffert... et maintenant je souffre encore plus... je me souviens... durant le jour, mes idées me pèsent comme un cercle de plomb. Je ne les chasse pas, je les souffre... Le soir venu, au contraire, je les sens se dilater peu à peu, se fondre et bouillonner dans mon cerveau. Mes joues s'enflamment, mon regard perce et brûle ma paupière. Mes souvenirs sont mes désespoirs... L'on dirait alors que mon être se dédouble et que je me sens mourir dans chacune des émanations de ma pensée.

Elle se met à rêver sa mort, une mort salvatrice qui la délivrerait de ses chaînes :

La légère fumée bleuâtre qui flottait devant mes yeux me rendait indistincts les objets les plus proches. Un bourdonnement lointain, pareil à la chute de ces eaux souterraines que l'inconnu verse au néant, montait sourdement à mon oreille comme le tintement lugubre d'un glas qui s'éteint. Mon cœur tournoyait sur lui-même avec la rapidité d'un ressort qu'une main imprudente a brisé. Mes sens perdaient terre. J'étais comme suspendue entre le temps et l'éternité. Mon âme s'allégeait sensiblement de ses attaches terrestres. Une quiétude ineffable la portait au-devant de la volonté divine, comme le flot porte à la rive la fleur que l'orage lui a jetée. L'œil de Dieu qui plongeait au fond de ma conscience en rompait tous les sceaux... Quelle émouvante et terrible scène que ce long râle de la dernière heure, que ce mystérieux prélude aux funérailles de la vie ! J'en atteste tous ceux qui ont vu l'ombre de la mort s'allonger sur leur couche, et, survivants de l'agonie, ont pu retenir les suprêmes leçons... À ce moment solennel, l'être se dédouble, l'égoïsme se divinise, la personnalité s'efface, l'âme jette son lest, comme le nautonier que la tempête

> pousse au port, et la cendre humaine, que réclame la terre, se détache, humiliée, du rayon immortel que le ciel attend... Seize heures s'étaient écoulées dans ce repos extatique de mon âme, quand mes yeux s'entrouvrirent et que je me sentis retenue encore à cette terre, où je n'avais pas sans doute assez pleuré. Il était nuit.

Contrevenant à toutes les interdictions et à toutes les consignes, Adèle lui fit parvenir un petit miroir de poche dans lequel elle put se regarder, elle qui ne s'était pas vue depuis si longtemps :

> Que je suis changée !
> Mes yeux ont un éclat qui glace, leurs prunelles ardentes semblent prêtes à trouer leur orbite, pour n'y plus regarder qu'en dedans. La pâleur de mon front est terreuse. Mes joues sont plus décolorées encore, et, de chaque côté de ma bouche, l'ongle bleu de la mort a creusé déjà ce trait grimaçant et hideux, spectre moqueur des sourires éteints... Serais-je donc encore assez femme pour bouder la mort de ce qu'elle est si laide ?...

La compréhension du nouveau préfet, M. Roulleau du Gage, permit que le régime carcéral fût adouci. Elle put demander tous les livres qu'elle désirait, on mit à sa disposition une collection des œuvres de La Fontaine, Pascal, Bossuet, Fénelon, Corneille, Molière et Montaigne.

On la changea de cellule, on l'installa dans une cellule plus claire. Les antilafargistes jugèrent insupportable ce régime de faveur de Mme Lafarge et se répandirent dans la presse. On fit même circuler une rumeur d'évasion, bruits qu'avait fait courir le gardien, qui avait dit :

« Sans moi, Mme Lafarge se serait déjà évadée. »

Après cet épisode, sa captivité devint à nouveau cruelle :

> Je restais au secret et mes projets d'évasion voyageant de bouche en bouche prirent des proportions énormes. Je fus gardée, surveillée, séquestrée du monde et comme ces braves gens craignaient d'être soupçonnés de négligence, chacune de mes paroles et gestes furent l'objet de vérification.

Le régime de la prison s'endurcit. « Refaites vos lettres », lui intimait la direction. On enleva le portrait de sa grand-mère parce que le cadre était doré. Elle résista :

> Je ne savais pas que la mort aussi dût porter mon deuil.

Même le médecin qui la visitait et l'encourageait ne vint plus seul. Une fois encore, le charitable préfet Roulleau du Gage mit fin à ses souffrances inutiles :

> Ma famille vient enfin de m'être rendue, c'est-à-dire que, trois jours par semaine, la résignation rentrera dans la prison avec elle... Trois jours par semaine et des jours composés de quatre heures ! C'est bien peu sans doute, si je me souviens du temps où ma tante et Adèle ne me quittaient pas ; c'est beaucoup, si je pense à ces autres jours où je ne les voyais plus.

Adèle, à qui elle demanda un jour de lui apporter ce petit souvenir :

> L'étang de Villers-Hélon était bordé d'iris jaunes et bleus, cueilles-en deux tiges dont les boutons sortent à peine épanouis. Tu me les apporteras. Je les verrai fleurir dans ma chambre et peut-être le passé refleurira-t-il un moment autour de moi.

Ses résistances, sa résignation et ses souffrances reçurent toutefois leur récompense au cours d'un nouveau procès d'empoisonnement où une femme d'Auch, Mme Lacoste, était accusée d'avoir empoisonné son époux. Le souvenir de Mme Lafarge avait dominé les débats et la pauvre femme fut acquittée et lavée de tout soupçon. Ce qui fit dire à Marie :

> Mme Lacoste a été acquittée... Mon ombre l'avait défendue !... C'est récompenser mon martyre que d'en rappeler le souvenir pour en faire éclore le bienfait !

Chapitre 6

Nouvel espoir de révision du procès

Pendant un temps, Marie Lafarge se met à espérer. On vient d'arrêter Denis Barbier, l'homme aux fausses traites et l'ennemi mortel de Marie, pour vol et escroqueries.

On parle à nouveau de la révision du procès dans les journaux. Ses avocats lui disent que la liberté est proche. Dans les milieux républicains, on s'engage à soutenir le procès pour la réhabilitation et sur les Grands Boulevards on joue tous les soirs à guichets fermés *La Dame de Saint-Tropez*. La dame, c'est Marie Lafarge, et le coupable, Denis Barbier, remarquablement interprété par le grand comédien de l'époque, Frédéric Lemaître.

À Montpellier, la révision du procès s'annonce bien ; l'opinion est bonne, la magistrature favorable, le pouvoir bienveillant et la presse prête à la soutenir.

En accord avec ses avocats, elle établit une défense habilement élaborée : ne pas attaquer la famille Lafarge, fortement éprouvée par ce drame, et tout rejeter sur Denis Barbier. Elle s'explique :

> Mon intention personnelle et positive est, autant que possible, de mettre en dehors des accusations de la défense la famille Lafarge. J'ai porté le nom de

M. Lafarge, douleur peut-être cruelle et injuste. Le mauvais état de leurs affaires, l'imminence d'une banqueroute frauduleuse, ont pu me désigner pour victime à leur désespoir intéressé ou à leurs espérances cupides. Je n'appellerai pas le déshonneur et la flétrissure sur ces personnes... Je m'attaquerai seulement à Denis, le faussaire, l'escroc, le prévaricateur. Sa culpabilité seule suffit à me sauver...

Marie rassemble des preuves, mais elle ne peut deviner que Barbier, après quelques mois de prison préventive, va être acquitté et relaxé immédiatement. Ses espérances sont à nouveau ruinées.

On fait comme si l'on voulait étouffer l'affaire ; on ne retrouve pas les documents demandés au parquet de Tulle. On fait traîner et l'on empêche les recours contre Denis :

Le malheur frappe avec la rapidité de l'éclair. Il faut, au contraire, d'innombrables démarches, des lettres sans fin, des ennemis sans noms, pour parvenir seulement à mettre l'erreur aux prises avec la vérité, écrit-elle, désespérée.

Mais elle décide de continuer, envoie une lettre à tous les grands quotidiens en prenant soin d'expliquer les contradictions de son procès :

Dans tous les procès d'empoisonnement on a le soin de cacher son crime en jetant le résidu du poison. Moi, au contraire, je signe dit-on, mon crime et j'apprête à plaisir ma condamnation. L'arsenic se retrouve partout en masse, partout, excepté où il devait être, c'est-à-dire dans le corps où les vomissements analysés qui n'ont rien produit de suspect. Un gramme suffit pour tuer sur-le-champ. J'en ai fait acheter quatre-vingt-seize grammes en trois fois, ouvertement, sur des billets signés de ma main, et je charge de cette commission qui doit me mener à l'échafaud, non pas mon valet de chambre qui m'est dévoué, non pas ma fidèle Clémentine, mais Denis, ami intime de la famille Lafarge et mon intime ennemi. Et de tout il en est ainsi.

Dans quel intérêt suis-je criminelle, moi ?

Dans quel paroxysme de la passion ai-je joué mon honneur, ma vie, mon éternité ? J'ai commis ce crime sans but, sans intérêt.

De la fortune ? M. Lafarge n'en avait pas et moi j'en avais. De l'amour pour un autre ? une intrigue ? le procureur général lui-même n'a pas osé m'en accuser car, Dieu soit loué, d'un seul mot j'aurais pu et pouvais confondre toute calomnie.

Que reste-t-il donc contre moi ? Cette apparence impondérable de poison trouvée à la quatorzième expertise avec l'appareil de Marsh par Orfila ; mais tous les chimistes s'accordent à dire que la potasse qui a servi de réactif à Orfila peut renfermer de l'arsenic ; tous commandent aux experts légaux de l'examiner avant de s'en servir et de constater sa pureté. Or, Orfila ne l'a pas fait. Enfin il est reconnu que les deux maladies cachées qu'avait eues Lafarge se traitent par des onguents arsenicaux et des médicaments dans lesquels entre de l'arsenic.

Comment donc faire servir, avec justice, à la condamnation à mort d'une femme des traces qui ne peuvent pas s'analyser, qui peuvent provenir du réactif, qui peuvent être le résultat d'un traitement secret.

L'effet dérive de la cause. Or, comment, si une seule dose d'arsenic produit des taches arsenicales énormes, comment peut-il se faire que quatre-vingt-seize grammes de poison ne donnent aucune trace appréciable dans le corps et aucune trace dans les vomissements ? Hélas, ma douleur l'emporte.

Marie fait également appel à de nombreuses personnalités, dont Alexandre Dumas, qu'elle connut toute petite et à qui elle envoie cette lettre très émouvante :

> Vous voulez croire à mon innocence, dites-vous... Ô Dumas ! Vous qui m'avez connue tout enfant, vous qui m'avez vue dans les bras de ma digne mère ! sur les genoux de mon grand-père, pouvez-vous supposer que cette petite Marie à la robe blanche que vous avez rencontrée... ait commis le crime abominable dont elle est accusée ! Ô mon ami, vous qui pouvez être le sauveur, si vous le voulez, vous qui, avec votre voix européenne, vous qui, avec votre plume puissante, pourriez faire pour moi ce que Voltaire a fait pour Calas, croyez, je vous en supplie, croyez que l'âme de tous ceux que vous avez connus et qui vous aiment comme un frère, par la tombe de mes vieux parents, par celle de mon père et de ma mère, je vous jure, mon ami, les bras étendus vers vous, à travers les barreaux de ma prison, je vous jure que je suis innocente ! Je suis bien sûre qu'en voyant mes larmes, en entendant mes sanglots, en sentant mes mains brûlantes de fièvre, d'insomnie, de désespoir, je suis sûre que vous vous direz : « non, non, Marie Cappelle n'est pas coupable... » Dumas, je vous en supplie, rappelez-vous l'enfant, rappelez-vous la jeune fille. La prisonnière est aussi innocente que la jeune fille, seulement elle est plus digne de pitié car elle est martyre.

Alexandre Dumas fait une courageuse campagne pour la réhabilitation de Marie, allant même jusqu'à apostropher le roi aux Tuileries. Mais la justice et le pouvoir restent silencieux.

Après avoir, durant de longs mois, étudié divers traités juridiques et médicaux, elle décide, en **1846**, d'écrire une lettre ouverte aux grands quotidiens, qui s'adresse à Orfila :

> Monsieur,
> Votre parole ne restera pas stérile : si ma conscience m'impose le désir de rechercher la vérité, mon innocence me donne le droit d'invoquer votre justice et mon respect pour votre profond savoir me donne le courage de vous demander protection.
> Me voici, Monsieur, faible, désolée, mourante, ne voulant pas vous exposer les titres que j'aurais à votre pitié, mais voulant vous confier tous ceux qui recommandent ma cause à votre sollicitude. Monsieur, je ne me fais pas d'illusion sur les conséquences de ma démarche. Je sais que vous pouvez me croire coupable. Je sais qu'en se servant de mon procès pour ranimer une opposition à venir, on vous a placé vis-à-vis de mon malheur, dans une voie où l'impartialité devient plus difficile. Je sais que vos arrêts sont si puissants que vous êtes forcé de protester vous-même contre la valeur qu'on leur donne. Je le sais. Mais je sais aussi que vous êtes assez grand pour rester inaccessible à la haine et trop ami de la vérité pour la taire quand elle vous apparaît. Enfin, c'est parce que vous avez trouvé l'effet que je vous demande de rechercher la cause. C'est parce que je crois en votre savoir que je me confie, que j'espère en lui.
> J'ai souffert six ans sans me plaindre ; je n'ai pas voulu que ma défense s'adressât aux passions qui spéculent sur le scandale... J'ai voulu attendre le moment où j'aurais peut-être le droit de demander grâce pour demander un examen approfondi des charges de mon procès.

Elle soulève quatre éléments contradictoires que les récentes recherches scientifiques ont pu mettre en évidence :

– absence de lésion buccale, laryngale ou œsophagienne alors qu'Orfila affirme dans son *Traité* qu'en cas d'intoxication arsenicale la bouche, le larynx et l'œsophage sont calcinés ;

– absence complète d'élimination par l'intestin et par les reins, contradictoire avec la présence seulement de un demi-milligramme d'arsenic dans le corps ;

– sang fluide non décomposé retrouvé dans le cœur de Lafarge alors qu'Orfila assure que l'arsenic ingéré provoque l'épaississement du sang, dont la couleur vire au noir ;

– possibilité d'intoxication arsenicale de longue durée liée aux travaux métallurgiques que Charles dirigeait.

La lettre se termine par une pointe d'ironie :

> Il me semble, Monsieur, que j'ai tout dit, maintenant que Dieu me protège et vous donne la prescience de sa vérité. Je date ma lettre d'une prison. Je souffre. La vie est belle. Je ne voudrais pas mourir sans avoir revu le soleil.

La lettre restera sans réponse de la part d'Orfila.

Malgré ses innombrables démarches, Marie reste toujours en prison, et elle est épuisée. Elle tente une dernière chance. Elle écrit en **mars 1847** à la reine Marie-Amélie :

> À Sa Majesté, la Reine des Français,
> Madame,
> Depuis sept ans je souffre, et depuis sept ans je me dis, en pleurant : Ah ! si la Reine savait !
> Aujourd'hui que la Reine le sait, aujourd'hui que ma cause est confiée à son adorable bonté, j'espère... J'espère car auprès de la providence de la terre et du ciel,

auprès du Roi, auprès de Dieu nulle intercession ne pourrait être aussi puissante que celle de Votre Majesté.
Je suis innocente, Madame, je l'ai crié à mes juges et ils ne l'ont pas entendu. Je le répète à genoux devant Votre Majesté. Ne l'entendra-t-elle pas ?
Madame, je laisse ma fortune à ceux qui me l'ont prise. Je laisse le pardon à ceux qui m'ont perdue. J'ai oublié le nom de mes ennemis. Je ne sais plus le compte de mes larmes, mais je suis responsable devant les hommes et devant Dieu du nom que m'a légué mon père. Grâce à ce nom, Madame ! Grâce ! et, comme le livre des consciences ne se lit qu'au ciel, je dépose ma prière sur le marbre des caveaux de Dreux.
Je mets aux pieds de Votre Majesté l'hommage de la profonde vénération avec laquelle j'ai l'honneur d'être votre très humble et infortunée servante.

Marie ne recevra jamais de réponse.
À bout d'énergie, elle sent la mort qui rôde :

Il se passe des journées entières sans que je reprenne le sentiment de moi-même. Je marche à l'agonie.

Elle s'émeut à l'idée de quitter pour jamais toutes les magnificences de la création et toutes les affections sensibles de la vie.

Elle demande l'assistance d'un aumônier, l'abbé Coural, qu'elle nous présente :

M. Coural est le prêtre qui s'oublie pour n'oublier personne, qui souffre avec ceux qui souffrent, pleure avec ceux qui pleurent, console toutes les infortunes qui l'approchent et prie pour celles qu'il ne peut atteindre de la main et du cœur.
Toujours ensemble, toujours bon et le front courbé

sous l'idée fixe de ses pieuses espérances, il allait des prisons aux mansardes, souder les plaies de l'indigence, et étudier les besoins et soigner ses martyrs.

Arrive la révolution de février 1848 qui met fin à la monarchie de Juillet. Raspail et ses avocats, Théodore Bac et Babaud Laribière, sont au premier plan de ces événements et prennent une part active à l'instauration de la IIe République. Bac, devenu l'un de ses amis intimes, est nommé commissaire de la République pour la Haute-Vienne puis député à l'Assemblée constituante, Babaud Laribière suit la même voie.

Orfila est destitué de son importante fonction officielle de doyen de la faculté de médecine de Paris. Les étudiants des facultés de Montpellier organisent un rassemblement où ils scandent la liberté pour Marie Cappelle.

Marie se remet à espérer :

> Mes vieux croyants sont prêts à unir leurs forces pour obtenir la révision du procès. Si le peuple français est vraiment libre, il n'oubliera pas les opprimés.

Mais très vite la révolution dévore ses vainqueurs, qui sont traités désormais de renégats, tel Raspail, arrêté dès le 16 mai 1848, trois mois à peine après les journées de février. Il est emprisonné pendant six ans et envoyé en exil. Les règlements de comptes au sein du pouvoir font vite oublier la prisonnière de Montpellier.

Aucune grâce, aucune réhabilitation n'allait délivrer Marie, dont l'état de santé s'est beaucoup aggravé en ce **début d'année 1848,** où elle reçoit la visite de la célèbre comédienne Rachel, qui racontera ainsi son entrevue :

> J'ai été frappée, non de sa beauté, car la pauvre femme, je le dis, criminelle ou non, s'en va de la plus affreuse des maladies : la poitrine. Elle sent dévider sa vie, et jusqu'au bout de l'écheveau, elle verra, elle sentira : c'est affreux. Mieux vaudrait une balle dans cette faible poitrine ou une cheminée sur la tête par grand vent... Nous sommes restées seules pendant un long moment... J'ai vu qu'elle me regardait avec toute son intelligence... Je l'ai priée de croire que ce n'était pas une vaine curiosité qui m'amenait chez elle. Elle m'a interrompue avec beaucoup de grâce pour me dire qu'elle ne le supposait pas de mon esprit et de mon cœur. Je ne vous ai vue qu'une seule fois, m'a-t-elle dit. C'était dans *Iphigénie.* J'ai bien souvent déploré de ne pas vous connaître tout entière.
> Alors j'ai offert de lui dire tout ce qu'elle voudrait... Maintenant, si tu veux mon avis sur cette célèbre prisonnière, je te dirai que c'est une femme qui me paraît très remarquable, d'une conversation très élégante et que dans l'organisation de société où les femmes seraient quelque chose, celle-là eût tenu une des premières places par les sentiments, je ne sais, mais la qualité des idées et la manière de les rendre, cela est sûr...
> Je suis sortie de là assez émue, et me disant que si jamais j'avais une grâce à obtenir, ce serait celle d'une pauvre pénitente mariée par les petites affiches, et qui, sûrement, va mourir de son remords ou de l'injustice des hommes.

Un poète rendit aussi visite à la recluse de la maison centrale. Il lui récita quelques poèmes en occitan. C'était Jacques Jasmin, prédécesseur de Mistral dans la renaissance de la langue d'oc. Heureuse de l'avoir rencontré, Marie Cappelle voulut répondre à ce troubadour par cette lettre :

> Nuit de Noël 1849, à Jacques Jasmin.
> Laissez-moi vous écrire ce soir. Poète, soyez heureux, la langue de votre mère, celle de votre enfance, de vos amours, de vos deuils, de vos chants revivra pour vous et ne s'oubliera plus. Poète soyez heureux ! Cette langue que vous aimez, la France la réapprendra pour vous admirer et vous lire, vos frères la garderont pour tâcher de vous imiter. D'ailleurs la même nation a des fils de différents âges et si les hommes de talent suffisent aux plaisirs d'une société blasée pour instruire le peuple, il faudra toujours des Homère. L'esprit parle à l'esprit, le génie parle au cœur.
> Chantez poète.

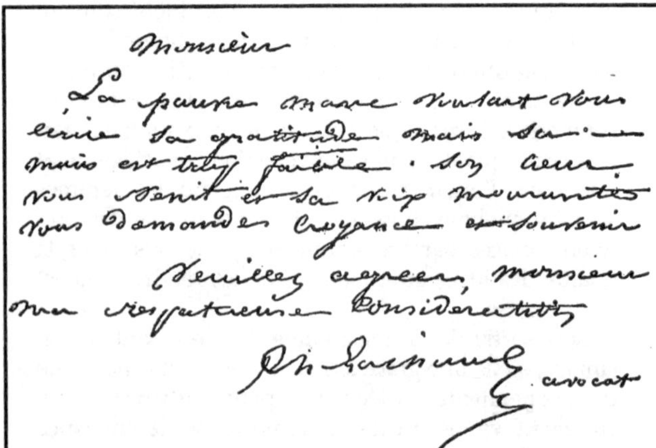

Monsieur

La pauvre Marie voulant vous écrire sa gratitude mais sa main est très faible. Son cœur vous venait et sa vie mourante vous demande croyance et souvenir.

Veuillez agréer, monsieur, ma respectueuse considération.

Ch. Lachaud avocat

Ci-dessus, lettre de C.-A. Lachaud, billet adressé à un avocat près de la Cour de cassation chargé de plaider pour Madame Lafarge. Dans le pli était jointe une lettre de Madame Lafarge elle-même (voir page 154)

Marie est désormais si malade qu'elle espère chaque jour mourir. Elle ne peut plus s'alimenter et n'accepte qu'un peu de lait.

Le **8 novembre 1850,** le docteur Pourche, au comble de l'inquiétude, signale aux autorités judiciaires l'état de santé de Marie :

> Depuis quelque temps déjà il s'est déclaré chez la veuve Lafarge, des symptômes de phtisie pulmonaire, notamment des quintes de toux sèches ou sanguinolentes. La condamnée a les joues creuses, les pommettes saillantes, la poitrine aplatie à raison de la fonte des mamelles, le ventre enfoncé, les extrémités grêles comme des bâtons.

On l'installe dans une cellule plus grande avec une cheminée. Dans un coin elle se construit un petit autel avec une statuette de la Vierge, des bougies, des portraits de son père et de sa mère. Agenouillée devant cet autel toute la journée, elle prie et implore :

> Je veux que la morale sublime du Christ plane comme un rayon céleste sur tout ce qui naîtra de ma pensée. Je veux qu'on sente le grand amour évangélique vivifier mes œuvres. Le martyre de ce monde m'épurera pour la vie des mondes futurs. Je ne veux pas d'une échelle qui me conduirait de la terre vers le ciel. Je veux aller des ténèbres à la lumière, du mensonge à la vérité... Ma pensée doit être pure, intime, mystérieuse comme tout ce qui s'adresse à Dieu.

Le **6 décembre 1850,** un mois après la demande pressante du docteur Pourche, la justice, après dix ans de silence, répond et fait dépêcher trois professeurs de la faculté de Montpellier pour aller visiter la malade.

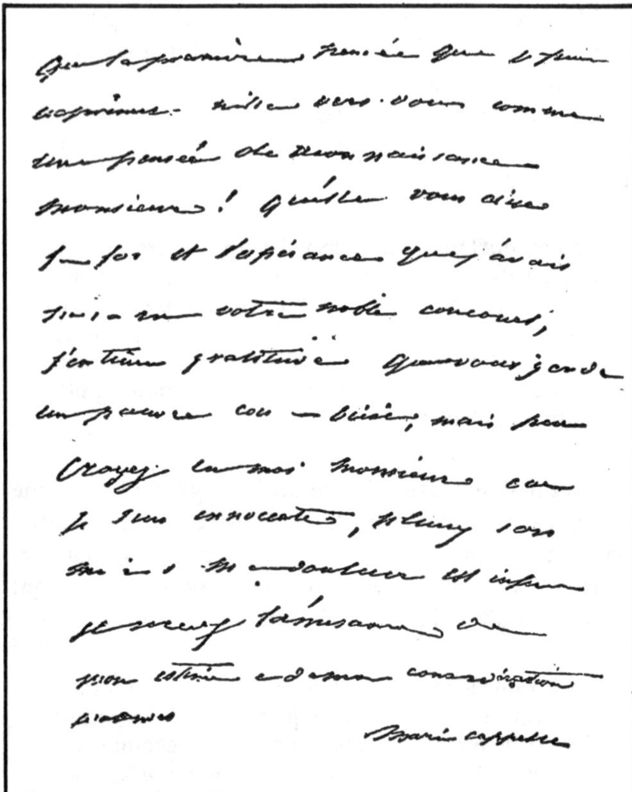

Lettre autographe de Madame Lafarge

Après l'avoir auscultée, tous trois déclarent que, si Marie n'est pas au plus vite évacuée vers une maison de santé, elle va mourir. Le lendemain, le procureur général de l'Hérault vient visiter la prisonnière et adresse un rapport au garde des Sceaux qu'il conclut ainsi :

Marie Cappelle n'est pas condamnée à mort, et c'est pourtant la mort pour elle, la mort très prochaine... À mon avis l'humanité commande au moins sa translation immédiate dans une maison de santé où elle puisse avoir de l'air, de l'espace, des soins, un peu de liberté et, pour plus tard, l'espérance...

Désespérée et sans nouvelles de la requête du procureur, elle écrit à maître Lachaud :

Ils entourent ma tombe de silence comme ils ont entouré mon jugement de passions et de bruits. Ils croient que ma vie se brisera contre ma clôture de pierre, et que la voix de la vérité s'y brisera comme elle. Ils se trompent : la vérité pénètre partout où Dieu descend.

Finalement, grâce à l'intervention du journaliste Émile de Girardin, le ministre de l'Intérieur Baroche signe, le **24 décembre 1850,** l'ordre de transfert de Marie de la maison d'arrêt de Montpellier à la maison de repos de Saint-Rémy-de-Provence dépendant de l'administration pénitentiaire.

Elle y arrive le **22 février 1851,** accompagnée de sa cousine Adèle. La douceur du climat durant le printemps et les soins hospitaliers améliorent son état de santé.

Le **18 mai 1851,** elle écrit à son protecteur, Émile de Girardin :

L'ombre rose de ma pensée refleurit avec les fleurs nouvelles du printemps. Je vis ! Et ces extases divines de l'être qui s'éveille et s'anime, c'est à vous que je les dois. C'est à vous que je dois le premier baiser de la lumière qu'un rayon matinal revient, à chaque aurore, poser sur mes lèvres endormies. C'est vous qui m'envoyez la brise toute parfumée de sève et de résine et c'est encore vous qui faites souffler sur mon front une haleine emperlée de la source voisine. La force dont je vis, c'est elle que vous m'avez rendue ; l'espoir que j'ai, c'est celui que vous m'avez donné. Je vous dois d'être aujourd'hui et demain, je le sens, je vous devrai de grandir.

Elle a retrouvé la lumière et un peu d'espace, mais l'ambiance avec le voisinage des malades mentaux qui séjournaient là commence à la déprimer :

Je passe tous les jours sous clef, dans deux chambres gentiment meublées qui composent mon appartement et chaque soir, à huit heures, lorsque les folles se couchent, on me fait quitter mon cabinet de travail pour m'enfermer sous double clef dans ma chambre à coucher.

Ce qu'elle veut, c'est la liberté totale. Aidée de son fidèle correspondant, Émile de Girardin, elle envoie en **mai 1852** cette supplique à Napoléon III, plébiscité par le peuple français en décembre 1851 et qui allait proclamer l'empire le 2 décembre suivant :

Monseigneur,
J'ai désespéré douze ans de la justice des hommes. Aujourd'hui que le cœur de la France bat dans le cœur de Napoléon III, aujourd'hui que la douleur des faibles peut espérer, je viens vous demander, Monseigneur, un peu de chaleur pour ma vie, une protection auguste de mon malheur. Je suis innocente. Vous êtes le représentant de la justice divine sur terre. À ce titre, daignez vous faire juge entre la calomnie et moi, daignez peser des larmes que Dieu seul a comptées. La

vérité répond à l'appel des rois. Elle saura faire parler les faits en ma faveur, parce que j'aurai crié vers vous ma détresse. Prince, comme tous ceux qui souffrent en France, je serai consolée et je serai sauvée. La foi a servi de force à mes heures captives, la reconnaissance sera la vertu de mes jours de soleil. Ce n'est pas la liberté du bonheur que j'implore, c'est le pouvoir d'incarner ma conscience dans chacun des actes de la vie, c'est le moyen, Monseigneur, de gagner Votre Altesse à la cause de mon innocence, c'est celui d'intéresser Dieu au triomphe de mon droit. Prince, si mon père vivait, il ne trouverait qu'un nom assez grand pour changer un acte de clémence en un acte de justice. Vous portez ce nom, Monseigneur !

J'élève ma prière jusqu'à vous. Grâce pour la mémoire et l'honneur de mon père ! Grâce, Prince, et justice pour deux ! J'ai l'honneur d'être avec le plus profond respect, Monseigneur, votre très humble et très désolée servante.

Marie Cappelle

Chapitre 7

Napoléon III accorde sa grâce

Sans doute ému par le calvaire de Marie Cappelle, le prince-président accorda sa grâce. La presse se fit l'écho de la clémence du neveu de Napoléon.

Le **1er juin 1852,** Marie quittait définitivement la maison de santé de Saint-Rémy, accompagnée d'Adèle Collard et de M. Audoury, colonel à la retraite, ancien ami de son père et qui lui avait rendu de nombreuses visites à Montpellier puis à Saint-Rémy. Après douze ans de réclusion, Marie, enfin libre, quittait Saint-Rémy pour s'installer chez son oncle, à Montpellier, d'où elle envoya cette lettre à Émile de Girardin :

> Ma liberté est là, officielle, palpable. Je vous la dois, Monsieur. Ah ! laissez-moi vous apporter ma première larme de joie et mon premier sourire ! Laissez-moi vous dire que je vous admire, que je vous aime, que je n'ai qu'une ambition : celle de me signer, un jour, votre amie, comme je me signe, ce soir, votre ressuscitée.

Le 2 juin, elle envoya à Louis-Napoléon cette lettre de remerciements et pleine de reconnaissance :

Monseigneur,
Je me mourais : vous l'avez su et je vous dois la vie. Je pleure de reconnaissance à vos pieds. Quels mots, Prince, seraient assez éloquents pour traduire mon action de grâces ? Vous devoir la liberté, c'est vous devoir l'honneur. Vous protégez et vous donnez en roi. Ma vie tout entière sera l'écho de ma reconnaissance. Mais pour oser vous dire, Monseigneur, combien je vous vénère et combien je vous aime, je jette ma plume et j'emprunte le cœur de France.
J'ai l'honneur d'être avec le plus profond respect, Monseigneur, votre très humble et très obéissante ressuscitée.

Marie Cappelle Montpellier,
le 2 juin 1852

Cette lettre fut retrouvée aux Tuileries après le 4 septembre 1870.

Marie, dont la santé était irrémédiablement ruinée par la prison, n'osait plus faire de projet d'avenir. Elle aurait aimé écrire des articles dans le journal d'Émile de Girardin mais l'aggravation de son état conduisit son médecin, qui lui rendait visite tous les jours chez son oncle, à lui conseiller de se soigner à la station thermale d'Ussat, où l'on soulageait les maladies de poitrine.

Ce fut là qu'elle rencontra l'abbé Bounel, curé de la paroisse d'Ornolac, aumônier d'Ussat, vénérable ecclésiastique, mort en 1895 à l'âge de quatre-vingt-dix ans, des suites d'une pneumonie contractée en allant porter par une nuit d'hiver glaciale l'extrême-onction à un malade dans la montagne. L'abbé Bounel releva cette pauvre âme brisée. Il la soutint en compagnie d'Adèle Collard jusqu'à sa dernière heure. Elle expira dans leurs bras.

Chapitre 8

Les derniers jours de Marie Cappelle

Voici le récit détaillé par ce brave prêtre des derniers jours de Marie Cappelle à Ussat :

> Elle fut à peine en liberté qu'elle nous arriva ici par ordre des médecins. Elle paraissait fort malade, d'une surexcitation occasionnée par ses chagrins et par ses douze ans de captivité. La maigreur de la pauvre femme était extrême. Elle était accompagnée de sa fidèle amie, Mlle Collard, et de ce brave colonel Audoury dont nous avons ici la tombe.
>
> Ils descendirent à l'hôtel Pélissier où nous avons déjeuné, à Ussat, et qui n'était pas tenu alors, comme il est aujourd'hui, par M. Cartier. Le colonel était un homme de soixante-cinq ans : il avait une maladie pour laquelle les bains d'Ussat lui étaient recommandés. Quant à Mlle Collard, elle avait également compromis sa robuste santé dans le mauvais air de la prison centrale.
>
> Je ne tardai pas entrer en relation avec trois personnes. Mme Lafarge me prit pour son professeur. Je l'eus à peine vue, que je conçus pour elle le plus vif attachement. Quand on la connaissait, Monsieur, on ne pouvait s'empêcher de l'aimer, ce n'est point qu'elle fit le moindre effort pour paraître aimable, il n'y avait en elle aucune affectation, elle était simplement bonne.

Elle arriva, comme l'on sait, le 15 août 1852, dans l'hôtel où le colonel la précédant était descendu. Mme Lafarge était à son chevet ; le colonel voulu lui donner toute sa fortune, contenue dans un portefeuille. Marie Cappelle ne possédait rien ; de plus, par sa condamnation, frappée de mort civile, elle ne pouvait prétendre à aucun héritage. C'est pourquoi le vieux compagnon d'armes de son père avait réalisé tout son avoir et le lui offrait, de la main à la main.
« Merci, colonel, je refuse, avait répondu l'ex-prisonnière de Montpellier. » Le colonel insista et lui dit que c'était sa dernière volonté.
« Non, colonel, fit-elle en se redressant. Vous ne me connaissez donc pas ?
– Eh bien ! soit, répliqua le moribond, d'une voix éteinte. Remettez ce portefeuille dans ma malle. »
Mme Lafarge fit mieux que de refuser l'héritage du colonel : il eut à peine rendu le dernier soupir, qu'elle écrivit à des parents éloignés pour les informer du décès et les inviter à recueillir la succession.

De Marie Lafarge à Vincent Van Gogh

Quarante ans plus tard, c'est à Saint-Rémy que devait aussi séjourner le peintre Vincent Van Gogh quelques mois avant sa mort.

Ces devoirs accomplis, Mme Lafarge prit le deuil de son bienfaiteur et fit un voyage de trois jours à Toulouse, pour se faire soigner d'une rage de dents. Avant son départ, comme elle se rendait à la diligence, elle fut insultée par des dames de Tarascon, dans l'Ariège, qui, s'approchant d'elle pour la voir, lui relevèrent insolemment le voile qui lui couvrait le visage. À son retour elle reçut d'autres offenses bien cruelles. Elle ne trouva plus sa chambre dans l'hôtel des grands établissements de bains. Elle frappa en vain à l'hôtel voisin et à d'autres maisons meublées. Le soir venu, elle finit par être admise avec son inséparable amie, Mlle Collard, chez un logeur, M. Rouaud, qui leur mit un matelas par terre, dans une salle basse. Elles y étaient à peine installées, que des passants tentèrent de les voir par la fenêtre. Prises de peur, les deux femmes appelèrent au secours. Les locataires du logeur Rouaud, réveillés dans leur premier sommeil, accablèrent d'injures les deux pauvres femmes. On ne se priva point de prononcer les mots d'aventurière et d'empoisonneuse.

Le lendemain, Mme Lafarge trouva enfin à se loger dans la maison Neuville. C'est là que les émotions qu'elle venait de traverser déterminèrent une crise terrible et amenèrent sa mort. La pauvre femme croyait sa santé raffermie par les eaux ; elle ne savait pas qu'elle avait une maladie du cœur incurable, c'était une hydropéricardite.

Le 6 septembre, je revenais d'une petite excursion dans les environs. Comme je passais sur le pont de bois, je vis Mlle Collard qui venait à ma rencontre.

« Pressez-vous, me dit-elle, ma cousine vous attend, elle est bien malade. »

Je la trouvai qui s'étouffait, qui demandait de l'eau, qui faisait ouvrir toutes les fenêtres et se tordait dans une angoisse inexprimable. Je la consolai, je la rassurai, mais je ne doutais point qu'elle ne fût perdue.

Le lendemain, elle devait venir à confesse et faire ses devoirs, pour la fête de la Nativité, le 8 septembre. Il fut question de cela, entre deux crises. Mme Lafarge me manifesta ses craintes de ne pouvoir se rendre à l'église. Je profitais de l'occasion pour lui offrir de la confesser séance tenante. Elle y consentit. Les crises se succédaient. Je fus obligé de regagner mon presbytère, non sans bien recommander à Mlle Collard de m'envoyer chercher, si la situation de la malade s'aggravait. Je n'étais pas couché depuis une heure, que j'entendis frapper à ma porte. Je pris le saint viatique

dans l'église et l'emportai avec moi, sans aucun appareil.
Vers minuit, j'étais à la maison Neuville. La malade était assise en travers du lit, le dos appuyé sur des oreillers. Ses étouffements avaient pris une violence extraordinaire. Elle avait déjà le visage d'une morte. Je lui dis, pour ne pas l'effrayer, que dans la crainte qu'elle ne pût venir communier à l'église, je lui apportais le viatique. Elle parut très satisfaite de l'attention que le bon Dieu avait pour elle. La chambre, en un instant, s'était remplie de monde. Avant d'administrer le sacrement, je demandai à la malade, selon les prescriptions du rituel :
« Pardonnez-vous à vos ennemis ? » Elle releva la tête et répondit d'une voix ferme :
« Je souhaite que Dieu leur fasse autant de bien qu'ils m'ont fait de mal. »
Puis, comme je priais Dieu pour sa guérison :
« Ne demandez pas à Dieu, me dit-elle d'une voix pleine de douceur, la prolongation de mes jours. Priez-le, au contraire, qu'il me permette de m'unir à lui. »
Le 7, au matin, la pauvre femme expira. Elle venait d'entrer dans sa trente-septième année ; elle avait passé douze années en prison. Un incident bien étrange marqua le jour des funérailles. Les autorités du département se trouvaient de passage à Ussat. Le préfet voulut voir la pauvre morte. Lorsqu'il entra dans la chambre, elle était déjà couchée dans sa bière mais encore découverte. Agenouillée près d'elle, sa cousine lui tenait la main.
« Voyez, dit Mlle Collard, comme elle est belle encore ! La main est chaude, comme si elle était vivante. »
Cette observation attira l'attention des assistants. Un médecin toucha le corps, le trouva chaud et fut d'avis de surseoir à l'inhumation. Des ordres furent donnés en ce sens ; mais une heure s'était à peine écoulée que le corps subitement entré en décomposition était devenu tout bleu. Il fallut se hâter de procéder à l'en-

sevelissement et aux funérailles. Je conduisis ma pauvre amie dans ce cimetière. Mlle Collard suivit le convoi à pied ; elle ne pouvait réussir à étouffer ses sanglots. Moi, je mêlais les larmes aux prières.

Deux semaines plus tard, voici comment le journal *L'Illustration* dans son numéro du 25 septembre 1852 annonçait sa mort :

La mort de Mme Lafarge a passé presque inaperçue. Cette femme trop célèbre avait publié des *Mémoires* de son vivant, et elle laisse encore des *Mémoires.* La triste héroïne du Glandier ne s'était pas résignée à l'oubli, c'est une dernière expiation et la seule, dit-on, à laquelle la condamnée se soit refusée. Les admirables dévouements qui l'entouraient n'ont pu la persuader sur ce point. S'il est encore permis de parler de ses derniers écrits qu'un zèle officieux a livrés à la publicité, ils sont empreints d'une grâce assez touchante. Pauvre femme, elle se sera étudiée jusqu'à la fin à mourir comme il faut, et elle y a réussi. Que l'on croie encore ou qu'on ne croie pas à son innocence, c'est là un dédommagement qui semble dû à de si longues tortures ; il n'y a d'ailleurs de sévérité qui ne s'adoucisse devant une tombe encore ouverte, et puis ce qu'on a rapporté de sa fin doit maintenant désarmer tout le monde. En présence de ces dénégations obstinées et très concevables, il est tout simple que des âmes généreuses la considèrent toujours comme une martyre ; mais combien de gens fort honnêtes d'ailleurs et tout à fait incapables de toucher à un cheveu du prochain, sont moins excusables ; je veux parler de ces mondains ou mondaines qui, tout en admettant le crime prouvé, lui trouvent sa circonstance atténuante dans cette position de femme incomprise... de son mari. En d'autres termes, ce bon M. Lafarge n'aurait eu que ce qu'il méritait. Un autre trait d'observation plus générale, c'est qu'abstraction faite de la coupable, la mort affreuse et si digne de pitié de la victime, tout en causant une horreur générale, ne lui a concilié presque aucune sympathie. Aucune fleur de rhétorique ou autre, que nous sachions, ne fut jetée sur sa tombe. Son souvenir s'est effacé dans le retentissement du crime.

À son retour à Montpellier, sa cousine et chère amie Adèle adressait ces quelques lignes à Émile de Girardin :

> J'aurais voulu être la première à vous apprendre la mort de ma pauvre cousine. Quelle douleur, Monsieur, de l'avoir laissée loin de moi, loin de ma famille ! Il ne me reste pas même la consolation, après tant de larmes et de chagrin, d'aller prier et pleurer auprès d'elle ! Quel vide s'est fait autour de moi ! Quelle séparation cruelle ! la pauvre... dimanche au soir, elle me parlait de vous. Elle voulait vous écrire dès notre retour. Vous étiez un des premiers dans son esprit et dans son cœur. Elle ne pouvait oublier l'homme puissant qui l'avait aidée à porter la vie. Morte, elle avait une telle sérénité dans tous ses traits qu'on retarda de quatre heures l'inhumation au moment même où elle allait se faire.
> Il fallut la retirer de son cercueil. Deux médecins furent appelés. Je la frictionnais moi-même et ce ne fut qu'après un long examen qu'on la déclara réellement morte. Ses derniers moments ont été sublimes. Dans une crise terrible qui a précédé sa courte agonie, elle a croisé ses mains et fixant ses regards au ciel, elle s'est écriée : « Oh ! mes amis, où êtes-vous ? Que je souffre ô mon Dieu ! Vous le savez cependant, je n'ai rien fait ! »

Quelques années plus tard un chroniqueur rencontra l'abbé Bounel ; après l'avoir écouté, il lui posa l'indiscrète question : était-elle coupable ?

Le vieux curé d'Ornolac, redressant la tête, regarda fixement son interlocuteur et répondit : « C'est le secret de Mme Lafarge ! » et il ajouta :

> « Mais pour être coupable avec les sentiments qu'elle exprimait, avec cette sérénité d'âme et cette angélique beauté qui la distinguaient, il faudrait supposer à Mme Lafarge un degré de perversité qui n'est point dans la nature humaine. Ce serait donc le diable lui-même que j'aurais béni et consolé ! Ce que je vous dis, monsieur, c'est que je voudrais que nos pénitences eussent une sainte mort comme la sienne. »

Le secret, c'est dans les papiers laissés par l'abbé Bounel qu'on devait le découvrir : le prêtre reçut le secret de la confession et le garda jalousement. Mais peu d'heures après il recueillit sur son lit de mort la suprême protestation d'innocence de Marie Cappelle. Il lui sembla qu'il ne devait pas étouffer ce cri, que son devoir était au contraire de le répéter à son tour pour l'édification de la postérité ; mais, respectueux de la discipline ecclésiastique, il ne crut pas devoir le faire sans la permission de ses supérieurs, et il écrivit à l'évêque de Pamiers pour lui en demander l'autorisation. Voici le brouillon de cette lettre retrouvée :

> Ornolac,
> le 12 septembre 1852
> Monseigneur,
> J'ai assisté Mme Lafarge dans ses derniers moments. Quelques heures avant sa mort et non sous le secret de la confession, Mme Lafarge, qui possédait toutes

ses facultés, déclara à haute voix qu'elle était parfaitement innocente de ce dont on l'accusait. Je reçois ce matin une lettre d'un des membres de la famille de Mme Lafarge qui me prie de consigner dans une lettre les faits qui se sont passés dans les derniers moments de Mme Lafarge.
Avant que de faire droit à cette démarche, je veux consulter Votre Grandeur et avoir son avis sur la question de savoir :
1. Si je dois accéder à la demande qui vient de m'être adressée.
2. En cas d'affirmative, si je dois donner mon consentement à ce que ma lettre devienne publique. Ne pensez-vous pas, Monseigneur, que dans l'intérêt de la justice, de la vérité et de la famille Lafarge, il conviendrait que le public fût édifié sur un fait aussi important ? On ne peut croire qu'à l'heure de la mort on puisse mentir à Dieu. Je ne ferai rien, Monseigneur, sans avoir votre opinion, à laquelle j'attache une grande importance et que je vous supplie de me faire connaître le plus tôt qu'il vous sera possible.
J'ai l'honneur d'être, avec le plus profond respect, Monseigneur, de Votre Grandeur le très humble et très obéissant serviteur.

Bounel, curé

Et à ce brouillon était épinglée la réponse timbrée de l'évêché de Pamiers, portant très nettement le cachet de la poste à Pamiers du 13 septembre 1852 et écrite d'une petite écriture sèche et fine :

Évêché de Pamiers
Pamiers, le 13 septembre 1852
Monsieur le Curé,
L'avis de Monseigneur l'Évêque sur la question que vous lui avez soumise est que vous devez vous borner à dire à la famille qu'appelé auprès de la malade, vous

lui avez porté secours et les consolations de la religion et que sa mort a été chrétienne.
Quant à la déclaration que l'on vous demande, Monseigneur pense que vous devez vous abstenir de toute attestation surtout écrite. Le Prélat est persuadé que votre bon sens vous fera pressentir et apprécier l'usage que l'on pourrait faire de la déclaration d'un prêtre en pareille matière.
Recevez, je vous prie, Monsieur le curé, l'assurance de mon dévouement.

L. Gidel, chanoine

Chapitre 9
Épilogue

Marie, depuis le début de l'affaire, a toujours clamé son innocence. Quelque opinion que l'on ait sur la culpabilité ou sur l'innocence de Marie Cappelle, on ne peut s'empêcher d'admirer son courage et de plaindre sa souffrance.

Tous les cœurs généreux, à l'époque, s'étaient ouverts à un sentiment de sympathie pour elle avant et après sa condamnation. Pendant sa captivité, elle reçut des milliers de lettres, elle-même en envoya plus de six mille qui portent cette marque de désespérance, de mélancolie touchante, d'appel vers une libération problématique. Elle avait une foi intense et une confiance absolue en sa réhabilitation et exposait à ses amis en termes éloquents les raisons morales de sa non-culpabilité. Elle y discutait les accusations qui l'avaient fait condamner, y analysait ses sentiments et les actes de la vie avec une finesse remarquable.

Il y a là des remarques touchantes, des mouvements de désespoir qui plaident en sa faveur. Avec Orfila, elle expose les raisons matérielles en discutant chimie avec compétence, mettant toute son ardeur à prouver la contradiction des expertises. Un mot de lui aurait pu accorder à Mme Lafarge une complète réhabilitation. Elle implore ce mot en termes dignes et nobles. Il ne viendra pas.

Les lettres de Lachaud, son avocat ami, qui mourra en regardant le portrait de Marie et en disant : « Dites au monde que Marie Cappelle n'était pas coupable. C'était une femme admirable.

L'infortunée a été accusée par une fatalité plus cruelle qu'aucunes des sombres fatalités du théâtre tragique d'autrefois », éclairent la singulière psychologie de celle qui se nommait elle-même la « fiancée du malheur » :

> Dites-moi que vous avez besoin de ma force, de mon innocence, du jour de la réparation... Hélas ! appellerai-je l'avenir à mon secours ? lui écrivait-elle.

Marie Cappelle, une singulière muse

La remarquable épistolière a été aussi une source d'inspiration pour beaucoup d'écrivains et d'artistes. Dumas évoque son malheur, Flaubert, dit-on, s'est inspiré de son histoire pour écrire son œuvre, *Madame Bovary*. Le grand comédien Frédéric Lemaître joua vers 1845 dans *La Dame de Saint-Tropez*, une pièce inspirée du procès Lafarge ; il y tenait le rôle de Denis Barbier, sinistre et mystérieux personnage présenté comme l'instigateur du crime.
Même les Anglais s'intéressèrent à l'affaire en faisant jouer dans un théâtre, à Londres, une pièce intitulée tout simplement *Madame Lafarge*. D'autres créèrent des complaintes et chansons dont on fredonnait les couplets :

« À vingt années on l'enferme
« À Montpellier là-bas
« Où elle prend le germe
« De mort sur son grabat,
« Mais tout le monde lui écrit de Londres à Paris.

« Napoléon la sauve
« Mais le mal est plus fort.
« Dans les Pyrénées fauves
« Elle finit son sort.
« Et, recevant l'hostie,
« Au prêtre elle s'écrie :

« Devant Dieu, je le jure.
« Je m'en vais sans remords
« Tout innocente et pure
« Au royaume des morts
« Ainsi finit Marie. »

Proclamant son innocence tout au long du procès, elle s'est comportée comme une héroïne et martyre de l'erreur judiciaire, respectée par les autorités religieuses et considérée par beaucoup comme une sainte.

Dans la préface des *Heures de prison,* qu'elle ne put achever, son oncle Simon Collard, qui avait une foi totale en son innocence, raconte :

> Frappée par un arrêt terrible, elle allait le subir dans la ville que j'habitais.
> Orpheline de père et mère, dépossédée de tout, séquestrée à de longues distances de ses rapports les plus intimes de famille et d'amitié, elle tombait subitement d'une positon élevée de la vie dans la solitude affreuse d'une prison où elle devait attendre la mort.
> Je restais seul pour soutenir cette immense douleur.
> C'était une mission sainte à laquelle la providence m'appelait. Je l'acceptai. La prisonnière, qui jusque-là m'était personnellement inconnue, arriva à Montpellier le 11 novembre 1841. Prévenu presque au même instant, j'accourus à elle et dès ce moment je ne vis

plus une nièce, je sentis que j'avais une seconde fille et mes enfants l'adoptèrent comme une sœur. L'autorité se montra compatissante. Le préfet ne fut pas moins humain que le directeur. Les soins de la famille furent reconnus nécessaires, la porte de la prison s'ouvrit pour nous.

Les *Heures de prison* sont la reproduction fidèle de toutes les souffrances, de toutes les douloureuses péripéties dont nous avons été les témoins. La prisonnière s'y montre telle qu'elle était, avec ses luttes et ses défaillances, avec sa résignation et sa foi et ce que sa modestie a voulu taire, il ne m'appartient pas de le publier.

Constamment malade et presque toujours alitée, elle ne pouvait se livrer que de loin en loin à un travail sérieux. Sa correspondance, la méditation et l'étude remplissaient une grande partie de son temps. Les *Heures de prison* étaient l'œuvre de ses larmes, œuvre inachevée que son état de souffrance la força d'interrompre vers la fin de 1847 et qu'elle me proposait de compléter par des articles de littérature et d'histoire dont elle avait rassemblé les matériaux.

Elle devait y consacrer un long chapitre aux nobles amis dont les sympathies l'avaient entourée depuis son arrivée à Montpellier. C'était là, disait-elle, que son cœur se serait épanoui tout entier.

MM. de Villars et de Bosquet qui s'étaient succédé comme directeurs de prison y auraient trouvé un profond souvenir, car elle parlait toujours avec effusion des marques d'intérêt qu'elle avait reçues et qu'ils avaient su si bien concilier avec leur devoir.

M. Chappus, leur prédécesseur, qui dans les premiers temps lui avait paru trop sévère, mais qui plus tard l'avait comblée de bontés, aurait sa page de reconnaissance et presque réparation de la part d'une femme dont le cœur s'exaltait au moindre bienfait.

Dans les premiers mois de 1848, un dépérissement notable se manifesta dans la santé de la prisonnière.

La fièvre ne la quittait plus. Son médecin si bon, si dévoué, fit part de ses craintes au préfet. Quatre professeurs de la faculté de médecine furent chargés de visiter la malade et de constater son état. Ils conclurent à la mise en liberté comme seule chance de guérison.
Ce rapport resta sans résultat. Cependant le mal empirait rapidement. Après quinze, seize mois d'attente, une nouvelle expertise eut lieu : les conclusions furent les mêmes et peut-être plus pressantes encore. Enfin le transfert de la prisonnière à la maison de santé de Saint-Rémy fut ordonné. Elle y arriva le 22 février 1851 accompagnée de ma fille.
Il n'était plus temps. Les bons et nobles offices des directeurs de la maison, les soins incessants du médecin, le concours charitable de l'aumônier et de la sœur hospitalière, la salubrité du climat, la beauté des lieux, tout fut impuissant, la maladie s'aggravait encore.
Averti de l'imminence du danger, je me rendis en toute hâte à Paris. J'étais porteur d'une supplique de ma nièce pour le prince-président. J'en fis une autre que je signais. Je me plaçais sous le patronage d'un homme imminent, dont je souffre de taire le nom, et trois jours après une lettre m'apprit que ma nièce allait être libre.
Ma joie devait être plus courte que ma reconnaissance. Arrivé en trente-six heures à Saint-Rémy, je pressais dans mes bras, non plus une femme, mais un squelette vivant que la mort venait disputer à la liberté.
Le 1er juin 1852, l'infortunée posait son pied libre dans ma demeure. J'avais deux filles et moi ! Le 7 septembre, l'une mourait aux eaux d'Ussat, et l'autre lui fermait les yeux.
L'humble cimetière d'Ornolac a reçu les restes de la morte. Une croix renversée couvrira sa tombe !
Qu'on ne me demande plus rien.

Et il achevait sa préface par ces phrases :

Veut-on savoir, cependant, si j'ai cru cette femme coupable. Je réponds :
Retenue prisonnière, je lui avais donné pour compagne ma fille. Devenue libre, je lui aurais donné pour mari mon fils. Ma conviction est là.

Collard

Chapitre 10

Les acteurs du drame. Que sont-ils devenus ?

Les oncles et tantes du côté de la mère de Marie Cappelle, soucieux de leur image dans la bourgeoisie de l'époque, abandonnèrent tout bonnement leur nièce après l'échec du procès de Tulle et ne s'occupèrent même pas de ramener les restes de la morte qui espérait tant être enterrée auprès de son grand-père à Villers-Hélon.

Le château où elle avait passé une partie de son enfance fut vendu en 1883 et son occupant, le baron Paul Maurice, acculé à la ruine et qui avait dû quitter les lieux, mourut peu après.

Pendant ce temps, la tombe de Marie, à Ornolac, était fleurie à chaque Toussaint par son admirable défenseur, Charles Lachaud, qui avait également commandé et payé sa sépulture de pierre.

Quant aux deux tantes de Marie, Hermine et Louise Collard, elles moururent respectivement l'une en 1864, à soixante-cinq ans, l'autre en 1880, à soixante-seize ans.

L'oncle Simon Collard mourut en 1860 à quatre-vingts ans entouré de ses enfants. Adèle, fidèle compagne de Marie, et Édouard, restés tous deux célibataires, s'établirent plus tard en Bretagne, à Belle-île-en-Mer.

Adèle mourut en 1891 à soixante-dix-neuf ans et son frère un an plus tard, à l'âge de quatre-vingt-un ans.

Emma, qui l'avait accompagnée à la prison de Tulle, mourut tragiquement à trente ans ; elle avait sept enfants. Son père, le docteur Pontier, médecin militaire, mourut un an plus tard en Russie.

Dans la belle-famille, Aména, épouse Buffière, mourut une semaine après Marie, le 14 septembre 1852, à Limoges, à l'âge de quarante-deux ans, et sa mère, Adélaïde, un mois après, le 14 octobre, à Limoges à l'âge de soixante-quatorze ans.

Le glandier : une histoire ancienne

C'est le père de Charles Lafarge qui acheta en 1793 cette chartreuse à un certain Léonard Chauffour. Son fils voulut en tirer profit en créant une forge et en cherchant des capitaux avec un mariage improvisé en quelques jours dans les salons du baron Garat, oncle de Marie Cappelle. Quant à l'origine de la première chartreuse, une légende raconte qu'elle fut bâtie par un chevalier du Moyen Âge en souvenir de la mort de sa femme. Convaincu de son infidélité, il l'aurait fait mourir dans des conditions atroces et, plus tard, reconnaissant son erreur, aurait construit cette chartreuse en guise d'expiation.

Le Glandier, mis en vente après le drame par les créanciers de M. Lafarge fut acheté par le baron Léon de Jouvenel, beau-père de l'écrivain Colette.

Vers 1859, Léon de Jouvenel, déjà propriétaire d'un château dans la région et qui briguait les suffrages de ses concitoyens à la députation de Brive, le remit en vente. Surprise, un jour, un acquéreur se présenta : c'était un chartreux. Il paya le Glandier argent comptant à son propriétaire, heureux de s'en débarrasser.

À nouveau les chartreux entraient dans leur ancien monastère, qu'ils restaurèrent somptueusement, tout en respectant la chambre où Pouch-Lafarge était mort et, dans cette chambre, le placard pratiqué dans le mur dont la légende voulait que Marie Cappelle eût fait sa mystérieuse cachette pour ses bijoux.

Fermé en 1901, il fut un moment transformé en maison de santé pour enfants inadaptés avant d'être à nouveau abandonné.

Félix Clavé, le jeune Espagnol romanesque qui, seul, peut-être, aurait pu éclaircir l'obscure affaire des diamants, mourut fou dans l'hospice des aliénés de Pau en 1853.

Marie de Léautaud survécut un quart de siècle à Marie Cappelle et s'éteignit à soixante ans, en 1876, dans son hôtel parisien.

Un procès toujours vif dans les cœurs

La défense de Marie Cappelle se poursuivit après sa mort et jusqu'à notre époque, où son histoire hante encore les mémoires ne serait-ce que celle du docteur Decourt, qui, en 1978, développa la thèse de la non-culpabilité de Marie, ce qui amena ses descendants, à l'appui de cette thèse, a déposer une requête en révision du procès. Mais il faut l'avouer, comme l'indiquait si justement la chancellerie, « rechercher des preuves essentielles si longtemps après les faits reste une démarche plutôt difficile ».
Charles Lafarge est-il mort empoisonné ?

S'agit-il d'une mise en scène organisée par Denis Barbier pour incriminer la « Parisienne » ou d'une maladie ? Bien des points demeurent mystérieux dans cette affaire.
S'il s'agit de maladie, elle aura duré vingt-sept jours, du 19 décembre au 14 janvier, avec une légère amélioration du 21 décembre au 4 janvier. Et, à l'époque, on connaissait mal les symptômes de certaines maladies. Quant à l'empoisonnement, la durée paraît bien longue pour une intoxication aiguë et les résultats de l'autopsie, *a priori*, ne permettent pas de conclure et d'apporter la preuve irréfutable de l'empoisonnement.

Maître Corali, qui fut élu député républicain pour la Haute-Vienne en 1848, mourut en 1851, à cinquante ans.

Orfila mourut un an après Marie, en 1853. Il fut enterré au cimetière de Montparnasse.

Maître Paillet, également devenu député, mourut en novembre 1855.

Charles Lachaud épousa Louise Ancelot. Il eut une fille et s'éteignit en 1882, à soixante-quatre ans. Tout comme Orfila, il est enterré au cimetière de Montparnasse, dans la même tombe que son beau-père, auteur dramatique et académicien, Jacques Ancelot.

Chronologie

1816

15 janvier : Naissance de Marie Cappelle.

1839

10 août : Mariage de Marie Cappelle avec Charles Lafarge.

15 août : Arrivée du couple Lafarge au Glandier.

22 novembre : Départ de Charles Lafarge pour Paris.

18 décembre : Charles Lafarge tombe malade après avoir mangé un gâteau envoyé par son épouse.

1840

3 janvier : Charles Lafarge, très malade, est de retour au Glandier.

10 janvier : Charles Lafarge est mourant.

14 janvier : Charles Lafarge meurt.

15 janvier : Début d'une enquête judiciaire sur la mort de Charles Lafarge.

16 au 21 janvier : Autopsie du corps de Lafarge.

23 janvier : Inculpation de Marie Cappelle pour empoisonnement de son mari.

31 janvier : La Gazette des tribunaux annonce l'arrestation de Marie Lafarge et des investigations après dénonciation

	pour vol.
10 février :	Perquisition au Glandier et découverte d'une parure démontée. Marie est accusée de vol.
9 juillet :	Au palais de justice de Brive, procès de Marie Lafarge accusée de vol de diamants.
15 juillet :	Marie Lafarge condamnée à deux ans d'emprisonnement.
13 août :	Annulation de la condamnation pour des motifs de droit.
3 septembre :	Ouverture du procès de Marie Lafarge pour empoisonnement à la cour d'assises de Tulle.
4 au 19 septembre :	Déroulement du procès.
7 septembre :	Le corps de Lafarge est déterré pour une nouvelle expertise.
13 septembre :	Arrivée du savant Orfila pour analyser les restes de Lafarge.
19 septembre :	Condamnation à perpétuité de Marie Lafarge et arrivée à Tulle du savant Raspail demandé par les avocats de la défense de Marie.

1841

5 août :	Nouveau jugement en appel de l'affaire des diamants : Marie est reconnue coupable de vol.
octobre :	Les Éditions René publient les *Mémoires* de Marie Lafarge.
8 novembre :	Marie Lafarge quitte la prison de Tulle pour celle de Montpellier.

1846

Marie Lafarge écrit une lettre ouverte aux grands quotidiens et qui s'adresse à Orfila.

1848

Début 1848 :	Marie reçoit la visite de la comédienne Rachel.

1850

6 décembre :	État de santé de Marie Lafarge très critique.
24 décembre :	Le ministre de l'Intérieur Baroche signe l'ordre de transfert de Marie de la maison d'arrêt de Montpellier à la maison de repos de Saint-Rémy-de-Provence.

1851

22 février :	Arrivée de Marie avec sa cousine Adèle à la maison de repos de Saint-Rémy.

1852

1er juin :	Napoléon III accorde la grâce à Marie Lafarge qui est désormais libre.
15 août :	Marie Lafarge arrive à la station thermale d'Ussat pour se soigner.
7 septembre :	Marie Lafarge meurt dans les bras de sa cousine Adèle.

Sources

ADLER Laure, *L'Amour sans arsenic : histoire de Marie Lafarge*, Éditions Denoël, 1985.

CAMPINCHI César, *Madame Lafarge a-t-elle été empoisonneuse ?*

CHADENET Pascal, *Mariage sous arsenic ou l'affaire Lafarge*, Éditions du Rocher, 1985.

DE GORSSE Pierre, « Les Bijoux de Madame de Léautaud », *in* « En marge de l'affaire Lafarge », *Historia*, juin/juillet 1952.

GRAVE DU BOURG Frédéric, *L'Affaire Lafarge ou mort sous arsenic*, Éditions Lucien Souny, 1990.

GRILL Étienne, *Madame Lafarge devant ses juges*, Bibliothèque mondiale, 1958.

LAFARGE Marie, *Heures de prison*, édité par Maurice Collard, 1854. *Correspondance de Marie Lafarge*, édité par Boyer d'Agen au Mercure de
France, 2 tomes, 1913.

LÉPINE Pierre, « Faut-il réviser le procès Lafarge ? », *Historia* n° 398, 1980.

TINAYRE Marcel, « L'Affaire Lafarge », *Historia*, mai-/juin/juillet 1952.

Larousse du XIXe *siècle*, article « LAFARGE Marie ».

Table des matières

Dans la collection « Grands Procès »,
aux Éditions De Vecchi :

L'Affaire Abbé Auriol, de Lionel Dumarcet.
L'Affaire Bande à Bonnot, de Frédéric Delacourt.
L'Affaire Besnard, de Sophie Darblade.
L'Affaire Caillaux, de Lionel Dumarcet.
L'Affaire Dreyfus, de Denis Bon.
L'Affaire Landru, de Christine Sagnier.
L'Affaire Louis XVI, du Dr Pierre-Alexandre Bourson.
L'Affaire Mata Hari, de Lionel Dumarcet.
L'Affaire Panama, du Dr Pierre-Alexandre Bourson.
L'Affaire Papin, de Sophie Darblade.
L'Affaire Petiot, de Frédérique Césaire.
L'Affaire Villain, de Sophie Darblade.
L'Affaire Stavisky, de Denis Bon.
L'Affaire Steinheil, de Frédéric Delacourt.

Composition Nord Compo
Impression Bussière en avril 2006
N° d'édition : 9520. – N° d'impression : 061416/1.
Dépôt légal : mai 2006.
ISBN 2-7328-4371-7
Imprimé en France.